Umgang mit Sachtexten – Wale und Delfine

Autorin: Angelika Kreische

Visualisieren und recherchieren

Autor: Hennes Weiß

Autoren:

Angelika Kreische unterrichtet Deutsch und Französisch am Gymnasialzweig einer kooperativen Gesamtschule. Sie ist als Ausbilderin für Französisch und Pädagogik am Studienseminar für Gymnasien in Oberursel und in der Lehrerfortbildung tätig.

Hennes Weiß unterrichtet Sport und Deutsch. Er arbeitet zudem in der Lehreraus- und fortbildung. Die Schwerpunkte seiner Tätigkeit am Staatlichen Schulamt Darmstadt sind Fachberatung und „Neue Medien".

Herausgeber:

Herta Heindl unterrichtet an einer integrierten Gesamtschule die Fächer Deutsch und Gesellschaftslehre. Ihr Tätigkeitsschwerpunkt liegt seit längerem in der Arbeit als Trainerin für das Projekt „Pädagogische Schulentwicklung" des EFWI (Lehrerfortbildungsinstitut der ev. Kirchen) in Landau.

Markus Kuhnigk ist Lehrer für Deutsch und Katholische Religion an einem hessischen Gymnasium. Er ist am Studienseminar Gießen als Ausbildungsbeauftragter tätig und arbeitet in der Lehrerfortbildung.

Umgang mit Sachtexten – Wale und Delfine

Der Lern- und Arbeitsprozess

A Vorwissen und Voreinstellungen aktivieren

LS 01 Frage-Brainstorming zum Thema Wale durchführen
▶ Fragen zum Thema notieren ▶ sich in GA über die Fragen austauschen ▶ Fragen ordnen und präsentieren

LS 02 Assoziationen zu Bildern versprachlichen
▶ Zum Thema Wale eigene Zeichnung anfertigen oder Foto suchen ▶ in Zufallsgruppen die Zeichnungen/Fotos zu einer Geschichte zusammenfügen ▶ Präsentation der Geschichten im Plenum ▶ Zusatzaufgabe: Collage erstellen

B Neue Kenntnisse und Verfahrensweisen erarbeiten

LS 03 Sich einen Text mittels W-Fragen erschließen
▶ Text lesen und vorgegebene Begriffe markieren ▶ in Tandems Ergebnisse austauschen und W-Fragen beantworten ▶ Ergebnisse im Plenum präsentieren ▶ eigene W-Fragen zu neuem Text in Zufallsgruppen erarbeiten ▶ Ergebnisse im Plenum präsentieren

LS 04 Unbekannte Wörter erschließen und Wichtiges markieren
▶ Text lesen und Unbekanntes unterstreichen/markieren ▶ in Tandems Unbekanntes nachschlagen und klären ▶ Ergebnisse im Plenum abgleichen ▶ in Zufallsgruppen W-Fragen zum Text erarbeiten/beantworten und dazu passende Textstellen unterstreichen ▶ wichtige Textstellen markieren und unterstreichen ▶ Ergebnisse im Plenum präsentieren und abgleichen

LS 05 Texte sinnvoll gliedern
▶ Textbausteine lesen und ordnen ▶ Unbekanntes markieren ▶ Textabschnitten Überschriften zuordnen ▶ im Tandem Unbekanntes nachschlagen und klären ▶ Ergebnisse im Plenum abgleichen ▶ wichtige Textstellen unterstreichen und Schlüsselwörter markieren ▶ in Zufallsgruppen Überschriften formulieren ▶ Ergebnisse im Plenum präsentieren

LS 06 Einen Spickzettel erstellen
▶ Text lesen, Unbekanntes klären, wichtige Textstellen unterstreichen ▶ Ergebnisse in Zufallsgruppen vergleichen ▶ Arbeitsergebnisse im Plenum präsentieren ▶ in Tandems Spickzettel zum Textinhalt erstellen ▶ Textinhalt im Doppelkreis vortragen ▶ Arbeitsergebnisse im Plenum präsentieren

LS 07 Informationen aus verschiedenen Texten zusammenfügen
▶ Text lesen, Unbekanntes klären, wichtige Textstellen unterstreichen ▶ Spickzettel erstellen ▶ Ergebnisse in texthomogenen Gruppen abgleichen ▶ Spickzettel überarbeiten ▶ Inhalte in textheterogenen Gruppen präsentieren ▶ gemeinsamen Spickzettel erstellen ▶ Arbeitsergebnisse im Plenum präsentieren

C Komplexe Anwendungs- und Transferaufgaben

LS 08 Informationen aus Bild und Text entnehmen
▶ Text lesen und Abbildung anschauen ▶ im Tandem W-Fragen formulieren ▶ in GA W-Fragen und Antworten prüfen ▶ in Tandems Interviews durchführen ▶ Präsentation der Interviews im Plenum

LS 09 Einen Sachtext umwandeln
▶ Text lesen, Unbekanntes klären, wichtige Textstellen unterstreichen ▶ W-Fragen formulieren ▶ Zwischenüberschriften finden ▶ in Zufallsgruppen Plakate erstellen ▶ Arbeitsergebnisse im Museumsrundgang präsentieren

LS 10 Über das Gelernte inhaltlich-methodisch reflektieren
▶ Arbeitstechniken reflektieren ▶ in Zufallsgruppen „Trainingspläne" erstellen ▶ Arbeitsergebnisse im Plenum vorstellen und diskutieren ▶ Blitzlicht zum Abschluss der Reihe

Abkürzungen und Siglen

LS = Lernspirale
LV = Lehrervortrag
EA = Einzelarbeit
PA = Partnerarbeit
GA = Gruppenarbeit
PL = Plenum
HA = Hausarbeit / Hausaufgabe
M = Material

L = Lehrerin oder Lehrer
S = Schülerinnen und Schüler

In den Erläuterungen zur Lernspirale wird für Lehrerinnen und Lehrer bzw. für Schülerinnen und Schüler ausschließlich die männliche Form verwendet. Dabei ist die weibliche Form stets mitgemeint.

Hinweis zum Zeitansatz
Eine Lernspirale ist für 90 (45) Minuten konzipiert. In der Regel wird nicht die volle Unterrichtszeit verplant, sondern pro Lernspirale ein Zeitpuffer von 5–10 Minuten einkalkuliert (um aufzuräumen, organisatorische Alltagsgeschäfte zu erledigen oder Schülern ein Feedback zu geben).
Je nach Größe und Leistungsstärke der Lerngruppe muss der Zeitansatz, der im Stundenraster für jede Unterrichtsphase ausgewiesen ist, entsprechend angepasst werden.

LS 01 Frage-Brainstorming zum Thema Wale durchführen

		Zeit	Lernaktivitäten	Material	Kompetenzen
1	EA	10′	Die S notieren spontan ihre Fragen zum Thema Wale.	S 01.1	– Fragen formulieren – Aufgabenstellung umsetzen – kooperativ arbeiten – aktiv zuhören – artikuliert und verständlich sprechen – konstruktiv diskutieren – angemessenen Wortschatz einsetzen – Karten zur Präsentation nutzen
2	GA	20′	Die S stellen sich gegenseitig ihre Gedanken vor. Sie notieren drei Fragen auf Kärtchen.	S 01.2	
3	GA	10′	Die S ordnen ihre Fragen nach einzelnen Bereichen.	S 01.3	
4	PL	20′	Pro Gruppe präsentiert ein S die Fragen und heftet die Fragekarten an die Tafel.		
5	PL	20′	Die Arbeitsergebnisse werden geordnet und die Karten auf eine Wandzeitung geklebt. Im Unterrichtsgespräch werden zu den Fragen bereits bekannte Antworten gesammelt und diese auf anders farbigen Karten notiert.		
	HA		Die S fertigen eine Zeichnung zum Thema Wale an oder suchen ein Foto.		

Erläuterungen zur Lernspirale

Ziel der Doppelstunde ist, dass die Schüler Fragen zum Thema „Wale" formulieren, ordnen und präsentieren.

Zum Ablauf im Einzelnen
Arbeitsschritt 1:
Ziel dieser Phase ist, dass sich alle Schüler mit ihren Interessen einbringen können. Diese Phase sollte spontan sein. Sie könnte auch als vorbereitende Hausaufgabe zur Stunde bearbeitet werden. Es ist denkbar, die Anzahl der möglichen Fragen auf fünf zu begrenzen.

Arbeitsschritt 2:
In diesem Arbeitsschritt tauschen die Schüler ihre Gedanken und Fragen aus. Die Fragen werden auf drei pro Gruppe reduziert. Auf diese Weise erfolgt eine erste Strukturierung und Gewichtung innerhalb der einzelnen Arbeitsgruppen. Für die weiteren Arbeitsschritte werden die Fragen auf Karten notiert.

Arbeitsschritt 3 und 4:
Beim Vortragen der einzelnen Gruppen sollte das Wiederholen bereits genannter Fragen vermieden werden. Nachdem eine Gruppe ihre Fragen vorgetragen hat, könnte in einem kurzen Feedback geklärt werden, ob die Mitschüler einzelne Fragen bereits beantworten können. Wenn das der Fall ist, kann die Antwort zur entsprechenden Frage angeheftet werden.

Arbeitsschritt 5:
Nach der Präsentation der Fragen werden alle Kärtchen – nach Themen geordnet – auf ein Plakat oder eine Wandzeitung geklebt.
Bereits bekannte Antworten werden auf Karton geschrieben und zu den Fragen geheftet.
Während der Arbeit am Thema Wale und Delfine können nach und nach – immer am Ende jeder neuen Lernspirale – die in dieser ersten Spirale formulierten Fragen beantwortet werden.
Zur entsprechenden Frage wird die passende Antwort notiert und auf das Plakat/die Wandzeitung geklebt.

Alternative:
Die Schüler formulieren zu Hause ihre Fragen vor und die Ergebnisse werden dann im Rahmen einer Schreibkonferenz in der Klasse präsentiert. Aus den unterschiedlichen Interessenbereichen werden Schwerpunkte gebildet, die dann – analog zu Arbeitsschritt 5 – weiter bearbeitet werden.

Eine weitere Alternative zur Erweiterung dieser Lernspirale besteht darin, die Schüler zu einzelnen Fragen recherchieren zu lassen. Hinweise für reichhaltige Internetseiten befinden sich auf der Plattform unter: www.klett.de/klippert.

✓ Merkposten
- Losgegenstände
- Kärtchen
- Wandzeitungsmaterial

Notizen:

LS 02 Assoziationen zu Bildern versprachlichen

		Zeit	Lernaktivitäten	Material	Kompetenzen
1	HA		Die S fertigen eine Zeichnung zum Thema Wale an oder suchen ein Foto.		– Inhalte miteinander kombinieren – Zeichnungen/Fotos kommentieren – freie Redebeiträge leisten – eigene Gedanken strukturiert äußern – kooperativ arbeiten
2	GA	20′	In Zufallsgruppen stellen sich die S gegenseitig ihre Zeichnungen oder Fotos vor und fügen die verschiedenen Zeichnungen zu einer Geschichte zusammen.	S 02.1	
3	PL	20′	Die Geschichten werden im Plenum präsentiert.		
	GA		**Zusatzaufgabe:** Die S fertigen eine Collage an und präsentieren diese.		

Erläuterungen zur Lernspirale

✓ Merkposten
- Losgegenstände
- Befestigungsmöglichkeiten für die Zeichnungen/Fotos
- große Papierbögen

Ziel der Einzelstunde ist es, die Schüler auf kreative Weise an das Thema heranzuführen und über die Kombination aus Bild und erfundener Geschichte auf das Thema einzustimmen.

Zum Ablauf im Einzelnen
Arbeitsschritt 1:
Es bietet sich an, diesen Arbeitsschritt als vorbereitende **Hausaufgabe** bearbeiten zu lassen. Auf diese Weise kann jeder Schüler entsprechend seinen individuellen Fähigkeiten und in seinem Lerntempo gemäß den Arbeitsauftrag erfüllen.

Arbeitsschritt 2:
Vor Beginn dieser Phase sollten die Schüler darauf hingewiesen werden, dass wirklich jede Zeichnung bzw. jedes Foto in der zu entwickelnden Geschichte berücksichtigt werden muss.

Arbeitsschritt 3:
Die Präsentation kann per Zufallsprinzip erfolgen. Erfahrungsgemäß sind die Schüler sehr stolz auf ihre Geschichten und es ist sinnvoll, so viel Zeit einzuplanen, dass möglichst alle Geschichten vorgetragen werden können.

Zusatzaufgabe:
Die Schüler bringen ein Bild/Foto zum Thema Wal mit und erstellen gemeinsam eine Collage, die dann im Plenum präsentiert wird. Im Anschluss daran kann eine Reflexion zum Thema Collage stehen.

Eine Verknüpfung dieses Arbeitsprozesses mit der LS 01 „Eine Collage verstehen" im zweiten Teil dieses Heftes ist möglich.

Notizen:

LS 03 Sich einen Text mittels W-Fragen erschließen

		Zeit	Lernaktivitäten	Material	Kompetenzen
1	EA	15′	Die S lesen den Text in der vorgegebenen Zeit und markieren die vorgegebenen Begriffe.	S 03.1	– Wesentliches hervorheben – Möglichkeiten der Textstrukturierung kennen und nutzen – Textinhalte erfassen – Nachschlagewerke zur Klärung von Fremdwörtern, Fachbegriffen und Sachfragen heranziehen – Textinhalte erfassen – Fragen formulieren – Wortschatz erweitern – sich konstruktiv in ein Gespräch einbringen – kooperativ miteinander umgehen
2	PA	15′	In Tandems beantworten sie die zum Inhalt des Textes gestellten W-Fragen.	S 03.2	
3	PL	10′	Die Ergebnisse werden im Plenum präsentiert. Wichtiges Kriterium dabei ist, dass die Antworten Schlüsselbegriffe enthalten.	S 03.3	
4	GA	20′	Die S formulieren zu einem weiterführenden Text drei eigene W-Fragen.	S 03.4	
5	PL	20′	Präsentation und Beantworten der W-Fragen, z.B. als Quiz, Reflexion.	S 03.5	

Erläuterungen zur Lernspirale

Ziel der Doppelstunde ist, einen Text gezielt über W-Fragen zu erschließen.

Zum Ablauf im Einzelnen
Arbeitsschritt 1:
Bei dieser Übung achten die Schüler beim Lesen auf wichtige Begriffe.

Arbeitsschritt 2:
Bei der Beantwortung der W-Fragen ist es wichtig, dass diese Schlüsselwörter zur Antwort haben. Darauf sollte vor dieser Arbeitsphase nochmals hingewiesen werden.
Auch könnte über die Bedeutung von W-Fragen für die Texterschließung kurz reflektiert werden.

Arbeitsschritt 3:
Bei der Präsentation der Arbeitsergebnisse sollte unbedingt darauf geachtet werden, dass wichtige Begriffe des Textes in den Antworten enthalten sind.
Zuvor könnte man im Plenum wiederholen, was beim Stellen der W-Fragen zu beachten ist; Antwort: Die Fragen müssen so gestellt werden, dass der Inhalt des Textes durch die Antworten besser zu verstehen ist.

Arbeitsschritt 4 und 5:
In leistungsschwächeren Gruppen kann der Arbeitsschritt 5 darauf beschränkt werden, die Antworten zu den eigenen Fragen aus dem Text zu entnehmen.
Zur Vorbereitung auf Arbeitsschritt 5 können die Schüler Antworten zu ihren eigenen Fragen im Heft notieren. Dieser Arbeitsschritt könnte in spielerischer Form, z.B. als Quiz, gestaltet werden. Wichtig ist, dass die im Schülerheft genannten Kriterien Anwendung finden.
- Sind die Fragen so gestellt, dass der Text durch die Antworten besser zu verstehen ist?
- Sind die Antworten so formuliert, dass sie mit dem Text belegt werden können?

Zum Abschluss erfolgt eine kurze Reflexion zur Texterschließung durch W-Fragen.

✓ Merkposten
- Textmarker
- Losgegenstände

Notizen:

LS 04 Unbekannte Wörter erschließen und Wichtiges markieren

		Zeit	Lernaktivitäten	Material	Kompetenzen
1	EA	10′	S lesen den Text und unterstreichen unbekannte Wörter mit Bleistift. An die jeweilige Zeile setzen sie ein Fragezeichen.	S 04.1	- Texte mittels Markierungen und Unterstreichungen erschließen - wesentliche Textinformationen erkennen - Nachschlagewerke zur Klärung von Fremdwörtern, Fachbegriffen und Sachfragen heranziehen - kooperativ miteinander umgehen - gezielt nachfragen - Gesprächsregeln einhalten - eigene Gedanken begründen - sachlich argumentieren
2	PA	15′	In Tandems klären S die unbekannten Wörter, radieren die Fragezeichen und Unterstreichungen aus und schreiben die Erklärung an den Rand.	S 04.2	
3	PL	10′	Abgleichen der Arbeitsergebnisse im Plenum.		
4	GA	15′	Die S beantworten auf Grundlage der LS 03 W-Fragen zum Text und unterstreichen mit Bleistift die Textstellen, die auf die W-Fragen eine Antwort geben. Sie formulieren drei weitere Fragen, die sie sich dann in der Gruppe gegenseitig stellen.	S 04.3	
5	EA	15′	Die wichtigsten Textstellen werden mit Textmarker markiert, wichtige Zusatzinformationen mit Buntstift unterstrichen. Die Bleistiftunterstreichungen werden ausradiert.	S 04.4	
6	PL	15′	Die S präsentieren ihre Ergebnisse im Plenum. Sie reflektieren die erlernte Technik zur Texterschließung.	S 04.5	

✓ Merkposten

- Bleistifte
- Buntstifte
- Textmarker
- Losgegenstände
- Nachschlagewerke/ Internetzugang

Erläuterungen zur Lernspirale

Ziel der Doppelstunde ist, dass die Schüler lernen, in Texten wichtige Informationen von unwichtigen zu unterscheiden.

Zum Ablauf im Einzelnen
Arbeitsschritt 1:
In dieser Phase sollte darauf geachtet werden, dass die Schüler die unbekannten Wörter mit Bleistift unterstreichen und ein Fragezeichen an die Zeile setzen, in der sie ein bzw. mehrere unbekannte Wörter gefunden haben.

Arbeitsschritt 2:
Die Schülertandems erhalten die Möglichkeit, Unbekanntes nachzuschlagen. Wörterbücher, Lexika und Internetzugang werden entsprechend bereitgestellt.

Arbeitsschritt 3:
Nach dem Abgleichen der Arbeitsergebnisse im Plenum kann sich eine kurze Reflexionsphase, z.B. in Form eines Blitzlichts, zur Technik des Unterstreichens, Fragezeichensetzens und Nachschlagens anschließen.

Arbeitsschritt 4:
Wiederholungen sind für nachhaltiges Lernen wichtig. Daher greift diese Phase bereits Erlerntes auf, um eine Vertiefung und ein Einschleifen der Texterschließung mittels W-Fragen zu erzielen.

Arbeitsschritt 5:
In dieser Phase sollte auf die genaue Umsetzung der Arbeitsanweisungen geachtet werden: wichtige Textstellen mit Textmarker markieren; Zusatzinformationen mit Buntstift unterstreichen; Bleistiftmarkierungen ausradieren.

Arbeitsschritt 6:
Die Präsentation und Reflexion der Arbeitsergebnisse sollte getrennt nach inhaltlichen und methodischen Kriterien erfolgen. Als Vorarbeit zur Reflexion der Arbeitstechnik dient der Arbeitsauftrag S 04.5 im Schülerheft.

Notizen:

LS 05 Texte sinnvoll gliedern

		Zeit	Lernaktivitäten	Material	Kompetenzen
1	EA	15′	S lesen die einzelnen Textbausteine, bringen sie in die richtige Reihenfolge und markieren unbekannte Wörter. Sie ordnen die Textbausteine vorgegebenen Überschriften zu.	S 05.1	– Texte gliedern und Teilüberschriften finden. – Texte mittels Markierungen und Unterstreichungen erschließen – wesentliche Textinformationen erkennen – Nachschlagewerke zur Klärung von Fremdwörtern, Fachbegriffen und Sachfragen heranziehen – Wortschatz erweitern – kooperativ miteinander umgehen – klar und verständlich reden
2	PA	10′	In Tandems gleichen die S ihre Arbeitsergebnisse ab und klären unbekannte Wörter.	S 05.2	
3	PL	10′	Alle Arbeitsergebnisse werden im Plenum abgeglichen.		
4	PA	15′	Analog zu den in LS 04 erworbenen Kenntnissen werden in Tandems wichtige Textstellen unterstrichen und Schlüsselwörter markiert.	S 05.3	
5	GA	10′	Die S finden zum Text „Vom Land zum Meer – die Evolution der Wale" aus der LS 04 zu jedem Textabschnitt eine passende Überschrift, die den Inhalt des Abschnittes knapp zusammenfasst.	S 05.4	
6	PL	20′	Die Arbeitsergebnisse werden im Plenum präsentiert und diskutiert. Es kann durch S und L die „Überschrift des Tages" gekürt werden.	S 05.5	

Erläuterungen zur Lernspirale

Ziel der Doppelstunde ist es, Textabschnitte in die richtige Reihenfolge zu bringen und aus dem entstandenen Gesamttext wichtige Informationen zu erschließen.

Zum Ablauf im Einzelnen
Arbeitsschritt 1 und 2:
Die Schüler sollen ihre in LS 04 erworbenen Kenntnisse zum Erschließen unbekannter Wörter weiter anwenden, damit sich diese Technik einschleifen kann.

Arbeitsschritt 3:
Nach dem inhaltlichen Abgleich kann besprochen werden, inwieweit den Schülern die bisher erworbenen Kenntnisse zum Bearbeiten des Textes hilfreich sind.

Arbeitsschritt 4 und 5:
Alle vorangegangenen Texte können dazu herangezogen werden, das Formulieren von Teilüberschriften zu üben. Dies empfiehlt sich insbesondere bei schwächeren Schülern, ggf. auch als individuelle Fördermaßnahme.

Arbeitsschritt 6:
In diesem Arbeitsschritt reflektieren die Schüler die Bedeutsamkeit von Zwischenüberschriften und legen Regeln für gelungene Überschriften fest. Grundlage ist der Arbeitsauftrag S 05.5.

▶ **Lösung für S 05.1:** Reihenfolge der Textabschnitte: Text 3 – Text 2 – Text 4 – Text 1.

✓ Merkposten
- Bleistifte
- Buntstifte
- Textmarker
- Losgegenstände

Notizen:

LS 06 Einen Spickzettel erstellen

		Zeit	Lernaktivitäten	Material	Kompetenzen
1	EA	15′	Die S lesen den Text, klären unbekannte Wörter und markieren die Schlüsselwörter.	S 06.1	– Texte mittels Symbolen, Markierungen, Unterstreichungen erschließen – Textinhalte veranschaulichen – Nachschlagewerke heranziehen – wesentliche Textinformationen erkennen – aufmerksam zuhören – Gesprächsregeln einhalten – kooperativ arbeiten
2	GA	10′	Die Arbeitsergebnisse werden in Zufallsgruppen verglichen.	S 06.2	
3	PL	10′	Abgleich aller Arbeitsergebnisse im Plenum.		
4	PA	15′	In Tandems werden Spickzettel zum Thema erstellt.	S 06.3	
5	PA	15′	Die Inhalte werden mit Hilfe der Spickzettel wiedergegeben (Kugellager).		
6	PL	15′	Präsentation der Spickzettel in einem Museumsrundgang. Dabei reflektieren die S den Sinn von Spickzetteln.	S 06.4	

Erläuterungen zur Lernspirale

✓ Merkposten

- Losgegenstände
- Spickzettel DIN A7

Ziel der Doppelstunde ist es, die wesentlichen Informationen eines Textes auf einem Spickzettel festzuhalten und mit Hilfe Symbolen und Zeichnungen zu visualisieren.

Zum Ablauf im Einzelnen
Arbeitsschritte 1–3:
In diesen Arbeitsschritten werden die in den vorangegangenen Lernspiralen erarbeiteten Kenntnisse im Sinne des nachhaltigen Lernens angewendet und vertieft.

Arbeitsschritt 4:
Bei Bedarf schaltet der Lehrer eine kurze „Theoriephase" vor, in der er die Funktion eines Spickzettels thematisiert (vgl. Randspalte im Schülerheft: Mit einem **Spickzettel** kannst du dir den **Inhalt** eines Textes gut **einprägen**. So kannst du dich immer daran erinnern, welche Informationen im Text standen. Ein Spickzettel darf **maximal 10–15 Wörter, aber unbegrenzt Zeichen und Symbole** enthalten.)
Die Schüler lernen, dass man sich vieles besser merken kann, wenn statt Worten Symbole benutzt werden. Gleichzeitig können verschiedene Symbole an der Tafel gesammelt werden. Die Lerngruppe könnte gemeinsam mit dem Lehrer zu einem der vorangegangenen Texte einen Spickzettel anfertigen.

Arbeitsschritt 5:
Die Schüler tragen sich gegenseitig ihre Inhalte mit der Methode des Kugellagers vor: Zunächst geben die Schüler, die im Innenkreis sitzen, ihren Mitschülern den Textinhalt wieder. Im nächsten Schritt die Schüler des Außenkreises. Der Vortrag wird – je nach Leistungsstand der Lerngruppe – mehrmals wiederholt.

Arbeitsschritt 6:
Die Lerngruppen, denen die Technik des Spickzettels nicht vertraut ist, können sich in einem Museumsrundgang mit diesem Verfahren auseinandersetzen. Beim Betrachten der verschiedenartigen Spickzettel der Mitschüler erkennen die Schüler wesentlich besser, worin die Stärken dieser Technik liegen und was dabei als gelungen bzw. weniger gelungen gilt. Sie können ihr eigenes Arbeitsergebnis überdenken und aus den Ergebnissen der Mitschüler lernen.

Nach Abschluss dieser Phase sollte eine Reflexion über die neu gelernte Technik erfolgen. Alternativ zu dem im Schülerheft vorgeschlagenen Arbeitsauftrag äußern sich die Schüler in einem Blitzlicht zum Thema „Was ich bei der Spickzettel-Methode gelernt habe"**?**

Notizen:

LS 07 Informationen aus verschiedenen Texten zusammenfügen

		Zeit	Lernaktivitäten	Material	Kompetenzen
1	EA	15′	Die S lesen einen zugewiesenen Text, klären auf die gelernte Art und Weise unbekannte Wörter, unterstreichen wichtige Textstellen und erstellen einen Spickzettel.	S 07.1 LS 07.M1	– Textinhalte visualisieren – Sprechsituationen gestalten – Nachschlagewerke heranziehen – Texte mittels Symbolen, Markierungen, Unterstreichungen erschließen – wesentliche Textinformationen erkennen – zielführend und kooperativ miteinander umgehen – in vollständigen Sätzen sprechen
2	GA	15′	In textgleichen Gruppen (Stammgruppen) werden die Arbeitsergebnisse abgeglichen und die Spickzettel überarbeitet. In den Stammgruppen wird jeder S zum Experten für seinen Text.	S 07.2	
3	GA	30′	In textverschiedenen Gruppen (Expertengruppen) stellen die jeweiligen Experten mit Hilfe ihres Spickzettels den jeweiligen Textinhalt vor. Alle Mitglieder erstellen gemeinsam einen Spickzettel, der die wichtigsten Informationen aller Texte enthält.	S 07.3	
4	PL	20′	Die Arbeitsergebnisse werden im Plenum präsentiert und diskutiert.	S 07.4	

Erläuterungen zur Lernspirale

Ziel der Doppelstunde ist es, die aus einem Text entnommenen Informationen anderen mitzuteilen und gemeinsam ein Produkt zu erstellen, das die wichtigsten Informationen aller Texte enthält.

Zum Ablauf im Einzelnen
Vor Beginn der Stunde wählt der Lehrer aus dem Materialpool LS 07.M1 die zu bearbeitenden Texte aus und kopiert sie. Dies geschieht mit Blick auf Lernstand und Größe der Lerngruppe. Der Text „Wale – Tiere der Rekorde" ist als Zusatztext gedacht. Die Texte sind leichter und schwerer. Eine Kleingruppe sollte erfahrungsgemäß nicht mehr als 4–5 Mitglieder haben. Jeder Text wird bei 25 Schüler fünfmal vergeben und beschriftet. Die gleichen Texte erhalten die gleiche Ziffer und jeweils die Buchstaben A–E. (1A–E, 2A–E, 3A–E, 4A–E und 5A–E). In der Arbeitsphase der Stammgruppen bilden die Schüler mit den gleichen Texten (gleiche Ziffern) jeweils eine Gruppe. In der Arbeitsphase der Expertengruppen finden sich die Schüler mit den gleichen Buchstaben zusammen.

Arbeitsschritt 1:
Hier ist darauf zu achten, dass die Schüler ausreichend Zeit zum Bearbeiten ihres Textes zur Verfügung haben und die Arbeitstechniken anwenden.

Arbeitsschritt 2:
Es sollte auch nach dieser Phase ausreichend Zeit für die Überarbeitung der Spickzettel eingeplant werden. Insbesondere für zurückhaltende Schüler oder lernschwache Schüler ist diese Phase eine zusätzliche Absicherung, die ihnen für die Arbeit in den Expertengruppen eine gesicherte Basis vermittelt.

Arbeitsschritt 3:
Als Alternative zum Erstellen eines gemeinsamen Spickzettels, der alle Themen umfasst und die Grundlage für den Kurzvortag der Präsentation bildet, ist für Lerngruppen, die im Erstellen eines Spickzettels bereits geübt sind, das Erstellen einer Mind-Map denkbar.

Arbeitsschritt 4:
Die Präsentation sollte sowohl nach inhaltlichen als auch nach methodischen Kriterien erfolgen. Zum Überprüfen des Inhaltes bietet es sich an, ein bis zwei Gruppen auszulosen, die ihre Arbeitsergebnisse z.B. in Form eines Kurzvortrages präsentieren. Aufgabe der Zuhörer ist es darauf zu achten, dass keine inhaltlichen Fehler im Vortrag enthalten sind. Gegebenenfalls muss der Lehrer am Ende des Vortrages korrigierend eingreifen oder den Schülern den Auftrag erteilen, ihre Arbeitsergebnisse nochmals genau durchzugehen, um den Fehler möglicherweise selbst zu entdecken. Es bietet sich ein Museumsrundgang an und im Anschluss daran kann diskutiert werden, welche Produkte besonders gelungen sind und warum.

Hinweis: In der Folgestunde könnten die Gruppen Plakate zum Thema gestalten.

✓ Merkposten

Die kopierten Texte sind so zu kennzeichnen, dass die Gruppenbildung je nach Stammgruppen und Expertengruppen eindeutig ist. Dafür erhält jede Kopie eine Ziffer und einen Buchstaben. Gleiche Texte erhalten die gleiche Ziffer, aber unterschiedliche Buchstaben. Die gleichen Ziffern führen zur Bildung der Stammgruppen.

Aus den gleichen Buchstaben bilden sich dann die Expertengruppen.

Die Anzahl der Texte muss ein Teiler der Gesamtpersonenzahl sein. (Vier Texte für 24 Schüler, Stammgruppe: sechs Schüler, Expertengruppe: vier Schüler.)

LS 07.M1 Textvorlagen für das Gruppenpuzzle

Größe und Gewicht der Wale

Walartige Tiere gibt es in allen Größen, von klein bis riesengroß. Die kleinsten Tiere, darunter die Delfine, sind zwischen 1,5 und 2,6 m lang und wiegen zwischen 80 und 300 kg. Das größte und schwerste Tier unserer Erde, der Blauwal, wird bis zu 33 m lang und wiegt bis zu 150 000 kg. Das entspricht ungefähr dem Gewicht von 26 Elefanten. Die Adern des Blauwals sind zum Teil so groß, dass ein Mensch hindurchschwimmen könnte. Das Herz eines Blauwals ist ungefähr so groß wie ein Kleinwagen, seine Zunge wiegt mehr als ein Elefant. Ein Blauwalbaby wiegt schon bei seiner Geburt mehr als 2 Tonnen und ist ca. 7 m lang. Täglich nimmt es 90 kg zu, trinkt ungefähr 200 l Muttermilch und wächst um ca. 4 cm. Wenn die Blauwalbabys mit ca. 7 Monaten entwöhnt sind, haben sie ihre Größe verdoppelt und wiegen etwa 20 Tonnen.
Da die Wale im Wasser leben, wird ein Großteil ihres Gewichtes vom Wasser getragen. An Land wären Wale nicht lebensfähig. Ihre Lungen könnten sich aufgrund des riesigen Gewichts der Tiere nicht ausreichend mit Luft füllen und das Skelett könnte das Gewicht nicht stützen.

Name	Länge	Gewicht
Grauwal	13–15 m	14–35 t
Zwergwal	8–10 m	8–13 t
Buckelwal	13–14 m	25–30 t
Seiwal	14–16 m	2–25 t
Schwertwal	bis 9 m	bis 10 t
Großer Tümmler	1,9–4 m	500 kg
Delfin	1,5–2,6 m	80–300 kg
Gewöhnlicher Schweinswal	1,4–2 m	50–90 kg
Narwal	4–4,5 m	0,8–1,6 t

Sozialverhalten der Wale

Etliche Walarten, darunter viele Bartenwale und Delfine, sind sehr gesellige Tiere und leben in Gruppen zusammen, die man als „Schulen" bezeichnet. Sie können aus mehreren Tausend Tieren bestehen. Wie groß eine Schule ist, ist von der Walart, ihrem Lebensraum und manchmal sogar von der Tageszeit abhängig. Die Mitglieder einer Schule verständigen sich untereinander durch verschiedene Geräusche, z.B. Schnattern oder Pfeifen.
Einige Walarten, z.B. der große Tümmler, helfen sich gegenseitig bei der Geburt eines neuen Artgenossen. Schafft es ein Neugeborenes nicht aus eigener Kraft zum ersten Atemzug bis an die Wasseroberfläche, so hilft ihm die „Hebamme". Auch kranke Tiere, die es nicht schaffen zum Atmen an die Wasseroberfläche aufzusteigen, erhalten Unterstützung von anderen Mitgliedern aus der Schule. Ist ein Tier krank, nehmen es die anderen in die Mitte der Schule, damit es nicht zu einer leichten Beute für andere Meeresbewohner wird.
Das Zusammenleben der Tiere in Schulen hat einen weiteren Vorteil: Fischschwärme werden leichter entdeckt und die Jagd auf diese Leckerbissen wird einfacher. Die Tiere kreisen ihre Beute gemeinsam ein und hindern sie an der Flucht. Auch Feinde werden von einer Gruppe leichter erspäht und können besser in die Flucht geschlagen werden.
Dieses Sozialverhalten wird von Wissenschaftlern auch „Beistandsverhalten" genannt. Die Tiere retten fast alles, was leblos im Wasser schwimmt, auch Menschen. Allerdings wird ihnen ihr Verhalten bei der Begegnung mit Walfängern zum Verhängnis, denn die Jäger erlegen die Tiere mit ihren Harpunen.

Wale tauchen

Wale sind Meister im Tauchen, ganz besonders die Pottwale. Man geht davon aus, dass sie bis ca. 3 km tief tauchen und die Luft bis zu 2 Stunden anhalten können. Eine alte Walfängerfaustregel besagt, dass ein Pottwal pro Meter Körperlänge dreimal an der Wasseroberfläche atmet, um so während des nächsten Tauchgangs ca. 3 min unter Wasser zu bleiben. Ein 15 m langer Pottwal atmet vor dem Abtauchen also ca. fünfundvierzigmal, taucht dann ca. 45 min, ehe er seinen Aufstieg aus der dunklen, eiskalten Tiefe wieder beginnt. Plant ein Pottwal einen solchen langen und tiefen Tauchgang, streckt er beim Abtauchen seine v-förmige Schwanzflosse hoch in die Luft und verschwindet dann fast senkrecht in der Tiefe. Gelangt er wieder an die Wasseroberfläche, erscheint zunächst seine Nase und dann sein Kopf. Der erste Atemzug nach einem Tauchgang ist so laut, dass man ihn im Umkreis von einem Kilometer hören kann.
Hat ein Pottwal eine Tiefe von ca. 100 m erreicht, fallen seine Lungen in sich zusammen. Die in den Lungen verbleibende Luft wird durch die Luftröhre und die Nasengänge ausgestoßen. Der Wal kann weiterschwimmen, da er über einen riesigen Sauerstoffvorrat im Blut und den Muskeln verfügt. Allerdings schlägt sein Herz wesentlich langsamer. Nur das Gehirn und die wichtigsten Körperteile werden weiterhin mit Sauerstoff versorgt.
Im Kopf des Pottwals befindet sich eine Art Kissen, das mit weichem Wachs gefüllt ist und als „Walrat" bezeichnet wird. Es ist so groß, dass dort bequem ein Kleinwagen Platz finden würde. Beim Abtauchen kühlt der Pottwal den Walrat über den Nasengang mit Wasser ab. Dadurch wird er fest und schwer und zieht den Wal in die Tiefe. Zum Auftauchen wird das Wasser ausgestoßen und der Walrat erwärmt sich wieder. Das Wachs dehnt sich aus, wird flüssig und trägt den Wal aus großer Tiefe nach oben.

Verständigung der Wale

Tief unten im Meer gibt es kein oder nur wenig Licht. Daher sehen Wale nur die Dinge mit ihren Augen, die sich in ihrer unmittelbaren Nähe befinden. Sie sind aber in der Lage, das Magnetfeld der Erde wahrzunehmen. Diesen Sinn benutzen sie bei ihren langen Wanderungen zur Orientierung.
Die „Echo-Ortung" ist eine weitere Orientierungsmöglichkeit der Wale. Es ist ein System, mit dem sie Schall erzeugen und empfangen können. Im Wasser werden Schallwellen fünfmal schneller übertragen als in der Luft. Ein Echo ortendes Tier sendet in rascher Reihenfolge verschiedene Töne mit hoher Frequenz aus. Diese Laute treffen auf andere Objekte, z.B. auf Beutetiere oder Artgenossen, von deren Körperoberfläche das Echo zurückgeworfen wird. Die zurückkehrenden Informationen verarbeitet dann der Wal. So kann er bestimmen, um welche Objekte es sich handelt und wo sich diese befinden.
Delfine klappern bei Gefahr mit den Kiefern, pfeifen und blöken, um sich miteinander zu verständigen. Belugas jaulen, krächzen, quietschen und pfeifen. Die Töne, die Bartenwale erzeugen, sind tiefer und klingen wie Brummen, Grunzen, Klagen oder Rülpsen. Dabei setzen sich diese Laute zu ganzen Liedern zusammen. Der Gesang der Buckelwale beispielsweise besteht aus einer langen Reihe von Tönen, die viele Male wiederholt werden. Buckelwale singen bis zu 30 Minuten, ohne Luft zu holen. Seeleute glaubten früher, dass es Geister in der Tiefe des Meeres geben müsste, wenn sie die Gesänge der Wale durch den hölzernen Schiffsbauch wahrnahmen.
Neben dem ausgezeichneten Hörsinn ist auch der Tastsinn bei Walen sehr gut ausgeprägt. Er ist für die Erkundung der Umgebung wichtig. Die seidig weiche Haut der Wale ist sehr empfindsam und ermöglicht es daher den Tieren, ihre Umwelt zu berühren und zu verstehen. Wale suchen häufig Körperkontakt mit ihren Artgenossen.

Vermehrung

Beginnt für die Wale die Paarungszeit, versuchen die Männchen mit allen Mitteln, ein Weibchen für sich zu gewinnen. Ein Glattwal streichelt das Weibchen mit den Flippern und schwimmt ganz dicht an ihm vorbei. Ein Buckelwal wird zum „Meistersinger". Bei Pottwalen, Narwalen und Schnabelwalen kämpfen die Männchen um die Weibchen. Wale bleiben nicht lebenslang zusammen, sondern haben verschiedene Partner. Ist eine Walkuh trächtig, dauert es bei Schweinswalen und Delfinen 9–12 Monate bis zur Geburt, bei den meisten Großwalen 11–12 Monate, bei größeren Zahnwalen 16–18 Monate. Das Waljunge entwickelt sich wie alle Säugetiere im Mutterleib. Bei der Geburt wird die Walkuh von mehreren anderen Walkühen unterstützt. Das Walbaby muss unmittelbar nach der Geburt zum ersten Blas an die Wasseroberfläche geschubst werden. Danach beginnt es, die Muttermilch zu trinken. Walmütter kümmern sich sehr liebevoll um ihren Nachwuchs: Sie tragen es auf dem Rücken, wenn das Junge erschöpft ist, und sie trainieren es für die langen Wanderungen. Walweibchen gebären in der Regel nur ein Junges. Bei vielen Arten liegen zwischen den Schwangerschaften mehrere Jahre.

Wale – Akrobaten in Perfektion

Die meisten Wale sind wahre Könner im Luftsprung. Sie schnellen wie Torpedos bis zu zwei Dritteln aus dem Wasser, vollführen eine 180-Grad-Drehung, landen mit einem ohrenbetäubenden Klatschen auf dem Rücken und verschwinden wieder im Wasser. Delfine schlagen gerne Saltos, drehen sich um die eigene Achse oder springen komplett aus dem Wasser heraus. Bei einigen Walarten scheint dieses Springen ansteckend zu sein: sobald ein Tier mit dem Springen beginnt, tun es die anderen ihm nach. Oftmals entsteht der Eindruck, dass sie ihre akrobatische Vorstellung gar nicht mehr beenden wollen. Ein Buckelwal wurde beobachtet, wie er 130-mal in 75 Minuten sprang!

Warum Wale springen, wissen die Wissenschaftler auch heute nicht ganz genau. Vielleicht ist es eine Art, sich zu verständigen, sich zu freuen, Aufregung zu zeigen, Warnungen auszudrücken oder ein Versuch, sich von Hautparasiten zu befreien.

Nahrung der Wale

Alle Wale fressen Fleisch, aber auf ganz unterschiedliche Weise.

a) Bartenwale

Rund um den Nord- und Südpol gibt es Eismeere, ein wahres Schlaraffenland für Bartenwale. Dort kommt massenweise Plankton vor. Das besteht aus kleinen Krebsen, Schnecken und Würmern. Auch etwas größere Weichtiere oder kleine Fischschwärme haben Bartenwale auf ihrem Speisezettel. Buckelwale haben eine besonders raffinierte Technik entwickelt, um sich ihre Nahrung zu fangen. Sobald sie einen Fischschwarm entdeckt haben, tauchen sie direkt unter ihn, drehen einen Kreis und steigen in einer spiralförmigen Bewegung auf. Gleichzeitig lassen sie Luftblasen aus ihrem Blasloch aufsteigen. Das erschreckt die Beute und treibt sie dicht zusammen. Mit weit aufgerissenen Mäulern schießen die Buckelwale aus der Tiefe empor und genießen ihr Festmahl. Pro Tag verbraucht ein Blauwal ca. 4.000 bis 8.000 kg Plankton – ein Gewicht von 4–8 Mittelklassewagen.

b) Zahnwale

Zahnwale sind Raubtiere, die aktiv jagen. Menschen gegenüber sind sie vollkommen friedlich. Sie haben bis zu 200 Zähne im Maul. Einige kauen oder zerschneiden ihre Beute vor dem Hinunterschlucken, andere benutzen ihre Zähne nur zum Jagen und schlucken die Beute unzerkaut. Die Beute von Zahnwalen besteht aus Fischen, Kraken und Muscheln. Der Schwertwal frisst alles, auch kranke und schwache Seevögel, Robben oder Wale. Er ist somit eine Art Gesundheitspolizei des Meeres.

ZUSATZINFORMATIONEN: Wale – Tiere der Rekorde

- Der Schwertwal ist der schnellste Meeressäuger und besitzt das kräftigste Gebiss aller Wale.
- Der Blauwal ist das größte Tier, das jemals auf der Erde gelebt hat. Das größte in der Antarktis gefangene Blauwalweibchen war 33,5 m lang. Das schwerste Tier, das jemals gefangen wurde, war ebenfalls ein Weibchen und wog 190 Tonnen.
- Der kleinste Wal ist der Chile-Delfin. Er misst 1,2 m und lebt vor der Südostküste Chiles. Dreitausend Chile-Delfine wiegen ungefähr so viel wie ein einziger Blauwal.
- Einer der schönsten Wale ist der Atlantische Weißseitendelfin. Schneidet er durch die Wellen, so erkennt man ihn an seinen weißlichen Flanken. Sein schwarz-grau-weiß gemusterter Körper lässt ihn insgesamt als einen der attraktivsten Vertreter der Wale erscheinen.
- Pottwale sind im Tauchen unübertroffen. Sie können bis 3000 m tief tauchen und bis zu zwei Stunden unter Wasser bleiben. Sie haben zudem das mächtigste Gebiss im gesamten Tierreich.
- Die längsten Wanderungen von allen Säugetieren unternimmt der Grauwal. Er legt pro Jahr ungefähr 20.000 km zurück. Wenn er im Alter von ca. 40 Jahren stirbt, ist er in seinem Leben praktisch einmal zum Mond und wieder zurück gewandert.
- Belugas sind die „Tratschtanten" der Wale. Seeleute bezeichneten sie früher als „See-Kanarienvögel". Sie beeindrucken durch eine Vielzahl unterschiedlicher Jaul-, Quietsch-, Stöhn- und Klappergeräusche, die oft auch über Wasser zu hören sind. Außerdem können sie durch das Zusammenklappen des Kiefers einen merkwürdigen Drohlaut erzeugen.
- Die „Konzerte" der Buckelwale sind beeindruckend und zählen zu den kompliziertesten Gesängen im ganzen Tierreich, besonders eindrucksvoll sind ihre Paarungsgesänge.

LS 08 Informationen aus Bild und Text entnehmen

		Zeit	Lernaktivitäten	Material	Kompetenzen
1	EA	10′	Die S lesen einen Text, der durch eine reichhaltige Abbildung ergänzt ist. Sie klären unbekannte Wörter und markieren die wesentlichen Informationen aus beiden Quellen.	S 08.1	– nicht lineare Texte auswerten – Wesentliches hervorheben – Zusammenhänge verdeutlichen – Textinhalte adäquat wiedergeben – sich gegenseitig zuhören – zielgerichtet und kooperativ arbeiten – Sprechsituationen gestalten – in ganzen Sätzen reden
2	PA	15′	Die S formulieren im Tandem zum Text vier W-Fragen und notieren sich die entsprechenden Antworten.	S 08.2	
3	GA	15′	Je zwei Tandems bilden eine Gruppe. Sie stellen sich die Fragen und Antworten gegenseitig vor und prüfen, ob diese inhaltlich richtig sind. Jedes Tandem ergänzt die Fragen und Antworten des anderen Tandems.	S 08.3	
4	PA	15′	In neu gebildeten Tandems führen die S Interviews durch. Ein S übernimmt die Rolle des Kika-Reporters und stellt seine W-Fragen. Der Interviewte – ein Wissenschaftler – muss die Fragen mit Hilfe des Textes beantworten. In einer nächsten Runde wird der Reporter zum Wissenschaftler, der nun Fragen beantworten muss. In der dritten und vierten Runde werden die Fragen möglichst ohne den Text beantwortet.	S 08.4 LS 08.M1	
5	PL	25′	Präsentation mehrerer durch Losverfahren ermittelten Interview-Tandems und Reflexion.		

Erläuterungen zur Lernspirale

✓ Merkposten

- Loskarten LS 08.M1 kopieren, schneiden und mit Ziffern für die Tandembildung beschriften
- Nachschlagewerke
- Mikrofonattrappe

Ziel der Doppelstunde ist es, Informationen aus Bild und Text zu entnehmen und aufzubereiten. In Interviews stellen und beantworten die Schüler Fragen zum Text/Bild.

Zum Ablauf im Einzelnen
Arbeitsschritt 1:
Für die Erschließung sollten Nachschlagewerke zur Verfügung stehen. Am Ende dieser Phase können im Plenum Verständnisfragen geklärt werden.

Arbeitsschritt 2:
Der Lehrer weist darauf hin, dass die Fragen, die sich die Schüler überlegen, nicht mit Ja oder Nein beantwortet werden dürfen. Des Weiteren sollten die Schüler beachten, dass alle Fragen tatsächlich durch das Bild/den Text beantwortet werden können. Daher notieren die Schüler auch die zu ihren Fragen gehörenden Antworten. Im Zweifelsfall können diese Antworten während des Interviews herangezogen werden.

Arbeitsschritt 3:
Die Gruppen können am schnellsten gebildet werden, wenn sich benachbarte Tandems unmittelbar zusammenfinden.

Arbeitsschritt 4:
Der Rollentausch zwischen Kika-Reporter (Fragesteller) und Wissenschaftler (Antwortender) ist entscheidend. Je nach Bedarf gibt es zwei bis sechs Durchgänge.
Die Schüler können beim ersten, auch noch beim zweiten Durchgang das Material (Text und Bild) zum Finden der richtigen Antwort benutzen. Spätestens jedoch, wenn ein Schüler zum dritten Mal in die Rolle des Interviewten schlüpft, sollte er seine Antworten ohne Material formulieren können.

Arbeitsschritt 5:
Mehrere ausgeloste Tandems präsentieren ihr geübtes Interview. Eine Mikrofonattrappe erhöht den Grad der Authentizität des Interviews und sollte deshalb bereitgestellt werden. Im Anschluss an die Präsentation sollte die Reflexion auf inhaltlicher und methodischer Ebene erfolgen.

Notizen:

LS 08.M1 Loskarten für Kika-Reporter und Wissenschaftler

LS 09 Einen Sachtext umwandeln

		Zeit	Lernaktivitäten	Material	Kompetenzen
1	EA	10′	Die S lesen den Text, klären unbekannte Wörter und markieren wichtige Textstellen.	S 09.1	– wesentliche Textinformationen erkennen
2	GA	15′	Die S formulieren drei bis fünf W-Fragen und beantworten sie. Einige Gruppen präsentieren ihre Fragen.	S 09.2	– komplexe Texte verstehen – Texte mittels Markierungen und Unterstreichungen erschließen
3	GA	10′	Die S finden Teilüberschriften zu den einzelnen Textabschnitten.	S 09.3	– Nachschlagewerke heranziehen
4	GA	30′	Die S erarbeiten auf der Basis des Textes ein Plakat „Kids-for-Whales" für eine Demonstration gegen Walfang.	S 09.4	– Texte gliedern – Teilüberschriften finden
5	PL	20′	Die S präsentieren ihre Plakate in einem Museumsrundgang und küren das „Plakat des Tages".	S 09.5	– Präsentationstechniken anwenden – sachbezogen arbeiten – einander zuhören – kooperativ miteinander umgehen

✓ **Merkposten**

- große Plakatbögen
- dicke Stifte

Erläuterungen zur Lernspirale

Ziel der Doppelstunde ist es, die in den vergangenen Lernspiralen erworbenen Kenntnisse anzuwenden. Dafür entnehmen die Schüler einem Sachtext Informationen und wandeln diese in eine andere Textform (Plakat) um.

Zum Ablauf im Einzelnen
Arbeitsschritt 1:
In leistungsschwächeren Lerngruppen werden die Arbeitsergebnisse im Plenum besprochen.

Arbeitsschritt 2:
Wie auch in den vorangegangenen Lernspiralen sollte vor Beginn der Arbeitsphase darauf hingewiesen werden, dass W-Fragen immer so formuliert werden müssen, dass sie zum besseren Textverständnis hinführen. Die Antworten auf die W-Fragen müssen Schlüsselwörter enthalten.

Arbeitsschritt 3:
Am Ende dieses Arbeitsschrittes präsentieren einzelne Arbeitsgruppen ihre Ergebnisse. Die Mitschüler beantworten die präsentierten W-Fragen.

Arbeitsschritt 4:
In diesem Arbeitsschritt ist es wichtig, dass die Schüler die aus dem Text gewonnenen Informationen nutzen, um eigene Kurztexte für das Plakat zu entwerfen. Kriterien zur Gestaltung eines gelungenen Plakates befinden sich in den LS 02, LS 03 und LS 04 im zweiten Teil „Visualisieren und recherchieren" dieses Heftes.
Statt des Plakats kann auch ein Aufruf zur Demonstration gegen Walfang oder ein Brief an den japanischen Außenminister stehen, in dem die Beendigung der Jagd auf Wale gefordert wird.

Arbeitsschritt 5:
Zur Präsentation und Bewertung der Arbeitsergebnisse kann der Bewertungsbogen von S. 28 (LS 04.M1) herangezogen werden.
In dieser Lernspirale werden alle im Laufe der Einheit erworbenen Techniken miteinander kombiniert. Diese Lernspirale eignet sich zur Überprüfung des Lernstands und zur Vorbereitung einer Klassenarbeit.

Notizen:

LS 10 Über das Gelernte inhaltlich-methodisch reflektieren

		Zeit	Lernaktivitäten	Material	Kompetenzen
1	EA	10′	Die S bearbeiten den Reflexionsbogen im Schülerheft.	S 10.1	– themenbezogen diskutieren – Zeit- und Arbeitsplan festlegen – sich selbst einschätzen können – Lerntipps weitergeben – zielgerichtet und kooperativ arbeiten
2	PA	15′	Die S reflektieren in Tandems ihre Lernfortschritte und ihre Schwierigkeiten. Gemeinsam erstellen sie für jeden Tandempartner einen Trainingsplan, der es ermöglicht, die bestehenden Wissenslücken zu schließen.	S 10.2	
3	GA	20′	In Zufallsgruppen werden die einzelnen Trainingspläne erläutert und diskutiert.	S 10.3	
4	PL	15′	Einige Trainingspläne werden im Plenum vorgestellt und diskutiert.		
5	PL	15′	Abschließende Reflexion in Form von einem Blitzlicht oder Notizen.		

Erläuterungen zur Lernspirale

Ziel der Doppelstunde ist, die Selbstreflexion und die Verantwortung für das eigenständige Lernen zu schulen.

Zum Ablauf im Einzelnen
Arbeitsschritt 1:
Die Schüler denken zunächst darüber nach, wie gut sie die einzelnen Arbeitstechniken beherrschen bzw. wo sie noch unsicher sind oder Schwierigkeiten haben. In der letzten Spalte „Das muss ich mir merken." machen sich die Schüler inhaltliche Anmerkungen. Sie können darin aber auch notieren, wie sie die einzelnen Bereiche trainieren würden.

Arbeitsschritt 2:
In dieser Phase ist es wichtig, dass die Schüler erkennen, welche Methoden und Regeln sie gelernt haben. Sie sollten Schwierigkeiten erkennen und benennen, damit es gelingt, einen individuellen Trainingsplan zu erstellen.
Je nach Bedarf wird eine Plenumsphase vorangestellt, in der der Lehrer an einem konkreten Beispiel erläutert, wie Trainingsaufgaben aussehen können und welcher Zeitrahmen für einen Trainingsplan gelten sollte.
Für die Trainingspläne entwickeln die Schüler eigenständig Aufgaben, planen den notwendigen Zeitrahmen und strukturieren die Teilarbeiten.

Arbeitsschritt 3:
Einzelne Trainingspläne der Gruppe und Tipps, die die Schüler gerne weitergeben möchten, werden auf Folie (oder Plakatbögen) festgehalten. Das erleichtert das Präsentieren.

Arbeitsschritt 4:
Neben der Vorstellung der einzelnen Trainingspläne sollte darüber diskutiert werden, wie die Pläne umgesetzt werden können. Die Verbindlichkeit ist in diesem Zusammenhang ein wichtiges Kriterium.

Arbeitsschritt 5:
Zum Abschluss der Unterrichtsreihe ist eine kurze Besinnungsphase (Blitzlicht) oder eine Sammlung der Eindrücke in schriftlicher Form (Notizen auf einem Plakat) sinnvoll. Mögliche Satzanfänge können sein:
„Mir hat an dieser Unterrichtsreihe besonders gefallen: ..."
„Ich habe gelernt, dass ..."
„Ich möchte ..."

Zudem sollte der Blick der Schüler auf die eingangs formulierten Fragen in LS 01 gelenkt werden. Welche Fragen sind beantwortet, welche sind offengeblieben? Für noch offene Fragestellungen werden Rechercheaufträge vergeben.

Hinweis: Sind Schülergruppen in der Reflexionsarbeit ungeübt, genügt für diese Lernspirale eine Einzelstunde.

✓ Merkposten
- Losgegenstände
- Folie und Folienstifte
- Overhead-Projektor
- Plakatbögen

Notizen:

Lernerfolgskontrolle: Umgang mit Sachtexten – Wale und Delfine

„Wale in Gefahr – Wale schützen"

Die Wale sind in Gefahr, einige Arten stehen kurz vor der Ausrottung. Neben der Jagd auf Wale sind die Tiere im Alltag verschiedenen Risiken ausgesetzt, die wir Menschen vermeiden oder begrenzen könnten.
Besonders für in Flüssen lebende Delfine sind die zahlreichen Boote, die die Wasserstraßen passieren, eine ernstzunehmende Gefahr. Aber auch andere Wale und Delfine sind dem Verletzungsrisiko, das von Booten und Schiffen ausgeht, ausgesetzt.
Außerdem verschmutzen Ölrückstände und andere Chemikalien die Meere. Pro Jahr werden mehrere Millionen Tonnen davon illegal ins Meer abgelassen. Derzeit weiß man nicht, welche Auswirkungen Öl auf Wale und Delfine hat, aber eines ist gewiss: Es zerstört die Welt, in der sie leben.
Eine weitere Gefahr, die vom Menschen ausgeht, sind die riesigen Treibnetze, die Fischer in einigen Teilen der Welt einsetzen. Sie sind nahezu unsichtbar, können bis 50 km lang sein und haben eine Tiefe von mehr als 10 m. Vor allem Delfine und Wale, aber auch Meeresschildkröten und Seevögel verfangen sich in den Netzen und sterben. In Chile lauert eine zusätzliche Gefahr auf Delfine und Schweinswale. Sie sterben zu Tausenden, weil sie den Fischern als Köder für den Fang von Königskrabben dienen.
Umweltschützer setzen sich zunehmend für die vom Aussterben bedrohten Tiere ein. Sie retten Tiere, wenn sie gestrandet sind, richten Walreservate ein und engagieren sich für walfreundliche Fischfangmethoden.
Wale zu beobachten, statt sie zu jagen, ist eine Möglichkeit zur Rettung der Tiere. Es ist ein einmaliges Erlebnis, frei lebende Wale und Delfine in ihrer natürlichen Umgebung zu beobachten. Wenn ein Pottwal vor seinem Tauchgang die Schwanzflosse in die Höhe reckt und dann senkrecht in die Tiefe abtaucht, macht das Zuschauen riesigen Spaß. Buckelwale und Delfine begeistern durch ihre akrobatischen Kunststücke. Die Wale aus nächster Nähe zu betrachten, weckt beim Menschen das Interesse an den Meeressäugern. Und damit wachsen auch die Forderungen nach dem Schutz der Tiere, um ihr Überleben zu sichern.

1. Lies den Text genau durch, kläre unbekannte Begriffe und markiere Wichtiges. Schreibe die unbekannten Begriffe und deren Erklärung in die Leerzeilen.

2. Formuliere vier Fragen, die dir helfen, den Text besser zu verstehen. Notiere jeweils auch die passende Antwort. Achte dabei auf Folgendes:
- Sind die Fragen so gestellt, dass der Text durch die Antworten besser zu verstehen ist?
- Sind die Antworten so formuliert, dass sie mit dem Text belegt werden können?

?

?

?

?

3. Finde für die einzelnen Textabschnitte Teilüberschriften.

4. Gestalte einen Spickzettel mit höchstens zehn Wörtern, der dir hilft, den Textinhalt einem Zufallspartner wiederzugeben.

Anmerkung zur Durchführung:

Für Aufgabe 1 sollten Nachschlagemöglichkeiten zur Verfügung stehen.

Anmerkungen zum Erwartungshorizont:

Zu 1: Wichtig ist, dass die Schüler die erlernten Arbeitstechniken so einsetzen, dass es für den Bewertenden sichtbar wird (Fragezeichen, Markierungen, Unterstreichungen usw.).

Wichtige Schlüsselwörter können sein: *Gefahr, Ausrottung, Wasserstraßen, Verletzungsrisiko, Ölrückstände, Treibnetze, Köder, Rettung, Walbeobachtung.*

Zu 2: Folgende Fragen könnten gestellt werden:

- Warum sind Wale in Gefahr? – Sie sind Risiken ausgesetzt, die wir Menschen vermeiden könnten.
- Wie bedrohen die Menschen das Leben der Wale? – Sie fahren mit Booten auf Wasserstraßen, sie lassen illegal Öl ins Meer ab, sie legen Treibnetze aus, in denen sich die Wale und Delfine verfangen.
- Was tun Menschen, um Wale zu schützen? – Sie retten Tiere, wenn sie stranden, sie richten Walreservate ein und engagieren sich für walfreundliche Fangmethoden.
- Warum kann Walbeobachtung zur Rettung der Tiere beitragen? – Es macht Spaß die Tiere zu beobachten, weckt das Interesse an den Meeressäugern und damit wachsen die Forderungen zu ihrem Schutz.

Bei der Bewertung ist darauf zu achten, dass die Fragen und Antworten dazu beitragen, den Text besser zu verstehen.

Zu 3: Mögliche Teilüberschriften können sein:

- Viele Wale vor der Ausrottung
- Verletzungsrisiko durch Boote
- Verschmutzung der Umwelt
- Wale in Treibnetzen und als Köder
- Rettung der Tiere durch Umweltschützer
- Walbeobachtung

Zu 4: Bei der Gestaltung des Spickzettels muss die vorgegebene Wortanzahl eingehalten werden. Der Textinhalt sollte zudem mit Hilfe von Symbolen, Pfeilen o.Ä. übersichtlich dargestellt werden.

Visualisieren und recherchieren

Der Lern- und Arbeitsprozess

A Vorwissen und Voreinstellungen aktivieren

LS 01 Eine Collage verstehen
▶ Fotocollage *Tiere in der Wildnis betrachten* ▶ erste Eindrücke äußern ▶ Inhalt und Wirkung beschreiben ▶ über Absicht des Künstlers in PA austauschen ▶ in GA Satzstreifen zur Erstellung von Collagen beschriften ▶ Ergebnisse im Plenum vorstellen

B Neue Kenntnisse und Verfahrensweisen erarbeiten

LS 02 Werkzeuge zur Plakatgestaltung nutzen
▶ LV zum Thema *Plakate* ▶ wichtige Begriffe notieren ▶ Begriffe im Tandem erweitern ▶ Kurzbeschreibung zum Unterschied Collage und Plakat ▶ Plakatentwurf „Haustiere – ihre Vor- und Nachteile“ ▶ Entwürfe im Museumsrundgang erläutern ▶ Entwürfe optimieren ▶ Materialliste für die Ausgestaltung erstellen

LS 03 Aus einem Entwurf ein Plakat gestalten
▶ Stammgruppen erarbeiten mit ihren Materialien die Plakate ▶ Plakate in Mischgruppen im Museumsrundgang besprechen ▶ Checkliste zum Plakat einer anderen Gruppe ausfüllen ▶ auf die Checkliste reagieren

LS 04 Bewertungsbogen für Lernplakate entwickeln
▶ Text in EA bearbeiten ▶ in GA Entwurf für Bewertungsbogen vervollständigen ▶ Entwürfe im Plenum vorstellen ▶ Plakat-Bewertungsbogen in GA anwenden

LS 05 Gedanken mithilfe von Mind-Maps ordnen
▶ Brainstorming durchführen ▶ Texte zu Mind-Maps bearbeiten ▶ in textgleichen Gruppen austauschen ▶ in Expertengruppen arbeiten ▶ wichtige Begriffe auf Klebezettel festhalten ▶ über- und untergeordnete Begriffen ordnen ▶ Mind-Maps erstellen ▶ Mind-Maps im Plenum besprechen

LS 06 Mit dem Computer Mind-Maps erstellen
▶ Programm *FreeMind* erläutern ▶ Mind-Map-Programm im Tandem erforschen ▶ „Unsere Mind-Map“ in PA digitalisieren ▶ abgespeicherte Mind-Maps variieren ▶ Mind-Map zum Thema erstellen ▶ Ergebnisse im Plenum präsentieren

LS 07 Sich effektiv im Internet informieren
▶ Text bearbeiten ▶ Ergebnisse in PA austauschen ▶ einen Brief mit Tipps verfassen ▶ in GA Plakat gestalten ▶ Ergebnispräsentation im Plenum

LS 08 Möglichkeiten des Chattens kennen lernen und beurteilen
▶ Aussagen zum Chatten in PA bewerten ▶ ausgewählte Internetseiten und Chatrooms aufsuchen und bewerten ▶ für eine Internetseite einen Steckbrief am PC erstellen ▶ Präsentation im Tandem ▶ HA: Leserbrief oder Emoticons

C Komplexe Anwendungs- und Transferaufgaben

LS 09 Suchaufträge mit Hilfe des Internets bearbeiten
▶ in PA Suchaufträge bearbeiten ▶ in Tandems Suchaufträge für vorgegebene Internetadressen formulieren ▶ Ergebnisse in GA vergleichen ▶ Tipps für die Internetsuche formulieren

LS 10 Den eigenen Lernstand reflektieren
▶ Auswertungsbogen bearbeiten ▶ Austausch in Tandems ▶ Tipps für Arbeitsplan geben ▶ individuellen Arbeitsplan entwickeln ▶ Arbeitspläne besprechen

Die Lernspiralen LS 01–05, LS 07 und die LS 10 können im Klassenraum ohne Computer durchgeführt werden. Für die Lernspiralen LS 06, 08 und 09 sind Computer oder Notebooks erforderlich. Optimal ist, wenn zwei Schüler sich einen Computer teilen können. Weniger effektiv, aber immer noch sinnvoll, ist eine Arbeitssituation, in der drei Schüler an einem Computer arbeiten. Die erforderlichen Programme (siehe Lernspiralen) müssen vorher installiert werden. Das Material LS 10.M1 kann zum Ende jeder Stunde eingesetzt werden. Dieser Schülerfragebogen dient der Auswertung des individuellen Lernfortschritts.

Abkürzungen und Siglen

LS = Lernspirale
LV = Lehrervortrag
EA = Einzelarbeit
PA = Partnerarbeit
GA = Gruppenarbeit
PL = Plenum
HA = Hausarbeit/Hausaufgabe
M = Material

L = Lehrerin oder Lehrer
S = Schülerinnen und Schüler

In den Erläuterungen zur Lernspirale wird für Lehrerinnen und Lehrer bzw. für Schülerinnen und Schüler ausschließlich die männliche Form verwendet. Dabei ist die weibliche Form stets mitgemeint.

Hinweis zum Zeitansatz
Eine Lernspirale ist für 90 (45) Minuten konzipiert. In der Regel wird nicht die volle Unterrichtszeit verplant, sondern pro Lernspirale ein Zeitpuffer von 5–10 Minuten einkalkuliert (um aufzuräumen, organisatorische Alltagsgeschäfte zu erledigen oder Schülern ein Feedback zu geben).
Je nach Größe und Leistungsstärke der Lerngruppe muss der Zeitansatz, der im Stundenraster für jede Unterrichtsphase ausgewiesen ist, entsprechend angepasst werden.

LS 01 Eine Collage verstehen

		Zeit	Lernaktivitäten	Material	Kompetenzen
1	PL	10′	S betrachten Bildcollage „Tiere der Wildnis“ und äußern spontan ihre Eindrücke.		- Perspektiven einnehmen - Bilder untersuchen - Bilder kommentieren - bildliche Ausdrucksweise erklären - Intention und Wirkung erkennen - Bildaussagen und Vorwissen verknüpfen - einfache Gestaltungsmittel der Medien kennen lernen - sich verständlich äußern - situationsgerecht erzählen - konstruktiv diskutieren - Gesprächsregeln einhalten
2	EA	10′	S notieren, wie sie einzelne Inhalte der Collage und deren Wirkung wahrnehmen. Sie halten ihre Ergebnisse auf Folie fest.	S 01.1	
3	PA	10′	S tauschen sich aus und erläutern die Absichten des Künstlers.	S 01.2	
4	PL	10′	Zwei Tandems stellen ihre Ergebnisse vor, weitere S ergänzen. Zur Präsentation geben die S ein Feedback.	S 01.3	
5	GA	15′	S erklären auf Satzstreifen mit Hilfe vorformulierter Satzanfänge das Erstellen von Collagen.	S 01.4	
6	PL	25′	Eine ausgeloste Gruppe stellt ihre Satzstreifen vor, die anderen Gruppen ergänzen. Eindeutige Ergebnisse werden hervorgehoben und im Raum ausgehängt. S übernehmen sie ins Heft.		
	HA	5′	L erläutert HA: Erstelle ein Collage zum Thema *„Tiere im Zoo“.*		

✓ Merkposten

- Collage auf Folie kopieren
- pro Gruppe 4–6 Satzstreifen aus festem Papier (60x10 cm)
- dicke Filzstifte
- Folien und Folienstifte
- Overhead-Projektor

Erläuterungen zur Lernspirale

Ziel der Doppelstunde ist, dass die Schüler bewusst Foto-Collagen wahrnehmen und selbst gestalten, um eine bestimmte Wirkung zu erzielen.

Zum Ablauf im Einzelnen

1. Arbeitsschritt:
Es ist sinnvoll, die Collage mit dem Overhead-Projektor über Folie zentral zu projizieren. Die Collage zeigt Tiere, die Freude und Harmonie ausdrücken, aber auch einen Trophäenjäger mit Elfenbein. Der Betrachter soll positive Eindrücke gewinnen, Natur als schöne Welt sehen. Auch kritische Einschätzungen und private Äußerungen sind zu erwarten. Sie sollten nicht zurückgewiesen, sondern als subjektiv richtig anerkannt werden.

2. und 3. Arbeitsschritt:
Nach der ersten Einschätzung sollen die Schüler Impulse aus dem Plenum und eigene Wahrnehmungen genauer untersuchen. Dazu benutzen sie das Schülerheft und greifen konkrete Elemente heraus.
Um unterschiedlichen Lerntempi zu entsprechen, können Zusatzaufgaben formuliert werden:
- *Welches Gefühl hast du bei folgenden Tieren?*
- *Wenn ein Tier so abgebildet ist, denkt man …*
- *Wenn ich all die Tiere sehe, möchte ich …*

Die Schüler erläutern dann im Tandem ihre Ergebnisse und übertragen sie auf Folie.

4. Arbeitsschritt:
Je nach Leistungsstärke der Tandems ist zu erwarten, dass beschreibende und analytische Beiträge eingebracht werden. In dieser Phase ist wichtig, die Schüler auf unterschiedliche Wahrnehmungen hinzuweisen: *Welches Gefühl, welche Wirkung entsteht und warum?*

5. und 6. Arbeitsschritt:
Mit Hilfe des Formulierungsauftrages können die Schüler ihre Empfehlungen in Form von Satzstreifen weitergeben. Bleiben konkrete Formulierungen aus, werden sie im Plenum erarbeitet. Die Frage, wie gestalte ich eine Collage, kann auch auf der rein praktischen Ebene behandelt werden.

Hausaufgabe:
In der HA fließen persönliche Meinung und Gestaltung zusammen. Mit der Frage *„Sind Tiere im Zoo glücklich?“* kann eine polarisierende Wirkung erzielt werden.
Als Materialquelle können Internet oder Zeitschriften genutzt werden. Bildbearbeitung mit dem Computer und Handarbeit sind erlaubt und führen dazu, mittels Textelementen und Bildern die persönliche Meinung auszudrücken.
In der folgenden Stunde sollte Zeit eingeräumt werden, um die Hausaufgaben zu sichten und zu besprechen (Museumsrundgang).

Notizen:

LS 02 Werkzeuge zur Plakatgestaltung nutzen

		Zeit	Lernaktivitäten	Material	Kompetenzen
1	LV	5′	L gibt in einem Vortrag Informationen zu Plakaten und erläutert die Besonderheiten eines Lernplakates.	LS 02.M1	- Adressaten- und Verwendungszusammenhang klären - Fachbegriffe kennen lernen - Konzept für ein Lernplakat entwerfen - einen Lehrervortrag auswerten - verstehend zuhören - Notizen machen - Notizen zur Wiedergabe nutzen - verständlich informieren - Sprechbeiträge planen - auf Gesprächsbeiträge eingehen - konstruktiv diskutieren - beim Thema bleiben - Lernergebnisse präsentieren - informierend schreiben - Arbeitsaufträge korrekt umsetzen
2	EA	5′	S notieren wichtige Begriffe, die im Vortrag vorgekommen sind, und übertragen sie in die erste Spalte der Tabelle in ihrem Schülerheft.	S 02.1	
3	PA	10′	S tauschen sich aus, ergänzen die Tabelle und korrigieren ihre Begriffe.	S 02.2	
4	PL	10′	Eine Partnergruppe wiederholt die wichtigsten Inhalte des Lehrervortrages mit Hilfe des gemeinsamen Tabelleneintrags. Zuhörer überprüfen und korrigieren.		
5	EA	10′	S beschreiben in zehn Sätzen, worin die Unterschiede zwischen einem Lernplakat und einer Collage bestehen (Gemeinsamkeiten und Unterschiede).	S 02.3	
			Die Lernspirale kann hier als Einzelstunde unterbrochen werden. Der 5. Arbeitsschritt kann als HA fertiggestellt bzw. überarbeitet werden.		
6	PL	10′	Zwei S tragen Ergebnisse (Hausaufgabe) von S 02.3 vor, Ergänzungen im Plenum.		
7	GA	10′	Schüler entwickeln einen Entwurf für ein Lernplakat zum Thema: *„Haustiere – Vor- und Nachteile“* (DIN-A3-Format).	S 02.4	
8	GA	10′	Entwürfe werden aufgehängt und im Museumsrundgang besprochen.	S 02.5	
9	GA	10′	Gruppen erstellen eine Materialliste für die Ausarbeitung ihrer Entwürfe und vergeben Aufträge für die Besorgung der Materialien.	S 02.6	

Erläuterungen zur Lernspirale

Ziel der Doppelstunde ist, den Schülern zu verdeutlichen, dass Plakate und Collagen Informationen und Meinungen unterschiedlich visualisieren.

Zum Ablauf im Einzelnen

1. bis 4. Arbeitsschritt:
Mit dem Lehrervortrag und dessen Aufbereitung wird vermittelt, dass Werbeplakate, die Schüler aus dem alltäglichen Leben kennen, und Lernplakate unterschiedliche Funktionen erfüllen und daher unterschiedlich gestaltet werden. Das Material LS 02.M1 dient dem Lehrer als Grundlage für seinen Vortrag. Die Schüler werden aufgefordert, die enthaltenen Informationen in einer bestimmten Zeit zu erfassen und mit eigenen Worten zu wiederholen. Leistungsstarke Klassen können mit dem Text ohne Lehrervortrag arbeiten. Weniger starke Lerngruppen erhalten nach dem Vortrag den Text als Kopie zur Unterstützung.

5. und 6. Arbeitsschritt:
Die Kenntnisse aus der ersten Lernspirale werden abgerufen und mit neuen verbunden. Es ist wichtig, den Schülern zu verdeutlichen, dass sie sich in einem Lernprozess befinden. Der Lehrer weist darauf hin, dass am Ende der Lernspirale eine komplexe Aufgabe stehen wird, die von den Schülern gelöst werden kann, wenn alle Kenntnisse, die sie im Unterricht erworben haben, richtig eingesetzt werden.

7. und 8. Arbeitsschritt:
Für die folgende Gruppenaufgabe hat sich eine Gruppengröße von max. fünf Schülern bewährt. Bei der Erstellung des Entwurfs sind inhaltliche Irrwege erlaubt. In der Phase „Museumsrundgang“ werden weniger gelungene Beispiele von den Mitschülern sicher mit Kritik bedacht und veranlassen zur ernsthaften Auseinandersetzung.

9. Arbeitsschritt:
Mit der Erstellung einer Materialliste werden die Schüler gezwungen, ihre Entwürfe konkret zu machen. Die Schüler besorgen die Materialien selbst. Sie treten an den Lehrer nur heran, wenn es sich um ausgefallene Dinge handelt. Damit hat der Lehrer zugleich die Möglichkeit, unrealistischen Ideen vorzubeugen. Er muss jedoch ausreichend große Plakatbögen bereitstellen.

✓ Merkposten
- Losgegenstände
- DIN-A3-Papier
- Befestigungsmöglichkeiten für die Plakate

LS 02.M1 Plakate – Werbeplakat und Lernplakat

Plakate kennen wir aus dem täglichen Leben. Mal schaut uns eine hübsche junge Frau von einer großen Wand an und will uns ein neues Eis schmackhaft machen, mal erklärt uns ein netter Mann mit erhobenem Zeigefinger, welches Auto man fahren soll oder viele, viele bunte Smarties lachen uns von einer Litfaßsäule an.

Alle Plakate haben gemeinsam, dass sie in **großen Formaten mit viel Farbe und auffälligen Inhalten eine genau überlegte Wirkung** erzielen wollen.
Die Hersteller von Plakaten versprechen, dass die Betrachter von Plakaten die abgebildeten **Produkte häufiger kaufen**.
Wie soll das funktionieren? Zehn bis fünfzehn Tage hintereinander hängt ein Plakat an einer Stelle, die gut von Fußgängern und Autofahrern zu sehen ist. Dann verschwindet es und taucht nach einer Zeit wieder auf. In der Zwischenzeit wird für ein anderes Produkt geworben.
Ein Werbeplakat muss auffallen. Fachleute sagen: **Ein Plakat ist ein heißer Punkt in einer kalten Umgebung** oder **Ein Plakat ist ein bunter Klecks in einer grauen Umgebung.**
Es ist also logisch, dass **Plakate in großer Stückzahl** hergestellt werden müssen. 10.000 gleiche Plakate lassen sich heute schnell und preiswert herstellen. Entscheidend sind die **Druckfarben**. Bei Wind und Wetter muss ein Plakat seine Form und seine Farben behalten, damit es wirken kann.

Auch in der Schule arbeiten wir mit Plakaten – den **Lernplakaten**. Sie haben einiges mit Werbeplakaten **gemeinsam, unterscheiden sich** in vielen Punkten aber von ihnen.
Wenn wir ein Plakat in der Schule erstellen, wollen auch wir damit eine vorher überlegte Wirkung erzielen.
Lernplakate sollen z.B. Regeln festhalten, die für alle gelten. Sie werden im Klassenraum aufgehängt, damit sie jeder sehen und sich daran erinnern kann. Es können Grammatik-Regeln aufgeschrieben werden, damit man sie immer wieder vor Augen hat. Ebenso können Regeln für das Verhalten im Unterricht und in den Pausen als Gedächtnisstütze an der Wand aufgehängt werden.
Mit Lernplakaten kann man den Inhalt von Texten zusammenfassen. Sie sind wie ein großer Spickzettel aufgebaut – nur wichtige Punkte werden festgehalten.

Mit **Werbeplakaten gemeinsam** ist ihnen also, dass etwas in unser Gedächtnis transportiert werden soll.
Der **größte Unterschied** ist, dass wir immer nur **ein** Plakat erstellen. Wir brauchen keine zehn oder 20.000 Plakate von einer Vorlage. Deshalb wird in der Schule jedes Plakat mit der Hand erstellt.
Wir arbeiten nicht mit bunten Druckfarben. Wir benutzen **Stifte und Papier.** Der Hintergrund unserer Plakate ist einfarbig. Was wir sagen wollen, sagen wir in **kurzen Sätzen,** oft sind es nur **Begriffe**. Hinzu kommen **Bilder und Zeichnungen**. Die Schrift muss auch vom letzten Platz im Klassenraum zu lesen sein. Deshalb schreiben wir in großen Buchstaben.

Auch in der Schule kommt es darauf an, dass Plakate ordentlich gestaltet werden. Enthält ein Plakat eine unlesbare Schrift und viele Fehler, wird die gewünschte Wirkung nicht erzielt.

LS 03 Aus einem Entwurf ein Plakat gestalten

		Zeit	Lernaktivitäten	Material	Kompetenzen
1	GA	10′	Gruppen sichten das mitgebrachte bzw. vom L ausgeteilte Material und kontrollieren die Vollständigkeit.		- ein Plakat gestalten - Gestaltungsmittel bewusst einsetzen - Arbeitsschritte festlegen - kritische Bewertungen vornehmen - Beobachtungsbögen nutzen - gezielt nachfragen - argumentieren - auf Gegenpositionen sachlich eingehen - über Lernen sprechen - in lesbarer Handschrift schreiben - Zeichensetzung beachten
2	GA	25′	S gestalten Plakate nach den vorher erstellten Entwürfen **(Stammgruppen).**	S 03.1	
3	GA	15′	Plakate werden im Raum aufgehängt, im Museumsrundgang in **Mischgruppen** besprochen.	S 03.2	
4	GA	10′	Jede **Stammgruppe** bewertet ein fremdes Plakat mit der Checkliste und gibt den Autoren eine Rückmeldung.	S 03.3 LS 03.M1	
5	GA	10′	**Stammgruppen** werten die Checkliste zu ihrem Plakat aus und besprechen Vorschläge zur Optimierung.	S 03.4	
6	PL	10′	Besonders gelungene Plakate werden vorgestellt und diskutiert. In einem Feedback (z.B. Blitzlicht) äußern S ihre ersten Empfindungen zur Kritik.		

Erläuterungen zur Lernspirale

Ziel der Doppelstunde ist, den Schülern zu zeigen, dass man Plakate gründlich erarbeiten muss. Sie lernen, Plakate von Mitschülern angemessen zu würdigen und mit Kritik von Mitschülern konstruktiv umzugehen.

Zum Ablauf im Einzelnen
1. und 2. Arbeitsschritt:
Die Gruppen sichten ihr Material laut erstellter Liste.
Sollten einzelne Schüler die Gruppenarbeit stören oder offen Desinteresse zeigen, müssen sie ein Plakat in Einzelarbeit anfertigen. Dafür muss zusätzlich Material bereitgestellt werden. Die Schüler beginnen mit der Arbeit an ihrem Plakat in ihren Stammgruppen. Sie teilen die Arbeit unter sich auf.

3. Arbeitsschritt:
Die Schüler besprechen in Mischgruppen in Form eines Museumsrundgangs die Plakate. Mischgruppen lassen sich einfach bilden, indem die Schüler in den Stammgruppen jeweils von 1 bis 5 durchzählen. Die neuen Gruppen (Mischgruppen) setzen sich aus den Schülern mit der gleichen Ziffer zusammen. So befindet sich in jeder Gruppe mindestens ein Schüler, der das jeweilige Plakat mitgestaltet hat. Er kommt erst zu Wort, nachdem die anderen Schüler ihre Eindrücke geäußert haben.

4. Arbeitsschritt:
Die Schüler gehen in ihre Stammgruppen zurück. Durch Losen erhalten sie das Plakat einer anderen Gruppe, mit dem sie sich nun auseinandersetzen. Die Schüler füllen die Checkliste gemeinsam aus und geben sie an die Gestalter weiter.

5. Arbeitsschritt:
Nach der Besprechung der Checkliste zum eigenen Plakat tragen die Schüler in ihr Arbeitsheft ein, wie ihr Plakat verbessert werden kann.
Alternative:
Gruppen geben ihre Rückmeldung in Form eines Beratungsgesprächs. Das erfordert zusätzlich Zeit.

6. Arbeitsschritt:
Im Plenum werden alle positiven Aspekte der Plakate hervorgehoben. Besonders die klar strukturierten Plakate sowie arbeitsintensive Elemente – wie Zeichnungen und individuelle Lösungen – verdienen Lob.
Die Schüler sollen in einem Feedback äußern, wie sie die Kritik an ihrem Plakat empfunden haben. Es ist zu erwarten, dass Schüler Kritik und Rückmeldungen als unangemessen einschätzen. Der Lehrer verhält sich in dieser Phase der Schülerbeiträge passiv. Er vermittelt erst am Ende, dass nur konstruktive Kritik zur Qualitätsverbesserung beiträgt.

✓ Merkposten
- Materialien laut Materiallisten
- pro Gruppe ein Plakatbogen
- Befestigungsmöglichkeiten für Plakate
- Checklisten in Gruppenanzahl kopieren

Notizen:

LS 03.M1 Checkliste für Kritik an Plakaten

Titel/Überschrift: ....

Verfasser des Plakates: ....

Kritiker: ....

Beobachtungspunkte	**Gut war ...**	**Das könnt ihr besser, indem ihr ...**
erkennbare Gliederung		
große Überschrift, kleinere Teilüberschriften		
gut lesbare Schrift		
Verteilung der Elemente auf dem Plakat		
Farben, die helfen, Zusammenhänge zu erkennen		
gemalte Bilder		
passende Fotos eingebaut		
hilfreiche Textelemente eingefügt		
Informationen wichtig und richtig		
keine Fehler/ viele Fehler		
künstlerische Qualität		
Was wir noch mitteilen wollen:		

LS 04 Bewertungsbogen für Lernplakate entwickeln

		Zeit	Lernaktivitäten	Material	Kompetenzen
1	LV	05′	L erläutert das Ziel der Stunde und die Abfolge der Arbeitsschritte.		- Kriterienlisten entwickeln und anwenden - Sinn erfassend lesen - Informationen entnehmen und ordnen - Informationen wiedergeben - Wichtiges markieren - Stichwörter notieren - über Arbeitsergebnisse informieren - konstruktiv diskutieren - die eigene Meinung begründen - gezielt nachfragen - Gesprächsregeln einhalten - Arbeitsaufträge korrekt umsetzen - zielgerichtet und kooperativ arbeiten - in lesbarer Handschrift schreiben
2	EA	15′	S erarbeiten im Schülerheft den Text *Ein gutes Lernplakat* und notieren auf einem Spickzettel die wichtigsten 8–10 Begriffe/ Bewertungskriterien.	S 04.1	
3	PA	10′	S stellen einem Zufallspartner die Kriterien anhand des Spickzettels vor. Sie klären, welchem Bereich im „Entwurf für einen Bewertungsbogen" die einzelnen Kriterien zuzuordnen sind und übertragen sie in den Bogen.	S 04.2	
4	GA	20′	Je zwei Tandems tauschen sich in GA über ihre Arbeitsergebnisse aus und vervollständigen den „Entwurf für einen Bewertungsbogen". Sie können zusätzlich die Checkliste aus der vergangenen Stunde verwenden. Eine vom L bestimmte Gruppe hält ihre Ergebnisse auf einer Folie fest.	S 04.3 (LS 03.M1)	
5	PL	15′	Die Gruppe projiziert ihre Folie. Diese wird exemplarisch besprochen. (Lösungsvorschlag LS 04.M1 kann hier eingesetzt werden.) S ergänzen den Entwurf auf der Grundlage ihrer Ergebnisse. Es wird ein verbindlicher Bewertungsbogen festgelegt.	LS 04.M1	
6	GA	15′	In der Zufallsgruppe versuchen S eine erste Anwendung des Bogens, indem sie die Plakate aus der letzten Stunde bewerten.		

Erläuterungen zur Lernspirale

Ziel der Doppelstunde ist, Qualitätskriterien für die Erstellung von Lernplakaten und deren Beurteilung zu entwickeln. Erfahrene Klassen können nach kurzer Erläuterung den vorhandenen Bewertungsbogen LS 04.M1 verwenden und erweitern. In diesem Fall entfallen die folgenden Arbeitsschritte.

Gruppen, in denen noch kein Bewertungsschema erarbeitet wurde, entwickeln gemeinsam einen Kriterienkatalog. Das so entstandene Bewertungsschema wird bei den entsprechenden Unterrichtsaktivitäten dann verbindlich eingesetzt.

Zum Ablauf im Einzelnen

1. Arbeitsschritt:
Der Lehrer hebt den Vorteil hervor, dass selbst erstellte Bewertungsbögen dem Lernstand einer Gruppe angepasst werden können. Fremde Bewertungsbögen wirken oft professioneller, sind aber nicht für jede Gruppe sinnvoll. Der Bewertungsbogen LS 04.M1 soll nur Verwendung finden, wenn kein eigener Bogen entwickelt wird.

2. bis 4. Arbeitsschritt:
Bei der Textbearbeitung greifen die Schüler auf ihre Kenntnisse aus der Lernspirale „Umgang mit Sachtexten" (LS 03–LS 07) zurück. In der gemeinsamen Arbeit zeigt sich, wie gut die Schüler den Text verstanden und die Bewertungskriterien herausgearbeitet haben.

5. Arbeitsschritt:
Die Aktivitäten in der Plenumsphase liegen im kommunikativen Bereich. Innerhalb des Bewertungsbogens sollte eine klare Trennung zwischen Inhalt und Gestaltung eingefordert werden.
Es hat sich bewährt, den optimierten Bogen mit Folie in der nächsten Stunde vorzustellen. Diese Aufgabe erhalten ausgewählte Schüler, die der Aufgabe gewachsen sind.

6. Arbeitsschritt:
Die Schüler testen in einer ersten Anwendungsphase die Tauglichkeit des Bewertungsbogens. Sie nehmen dafür die Plakate aus der vergangenen Stunde mit Hilfe des Bogens unter die Lupe.

✓ Merkposten

- Losgegenstände
- S. 21 aus dem Schülerheft auf Folie kopieren
- Folienstifte
- Overhead-Projektor
- (Lösungsvorschlag LS 04.M1 auf Folie kopieren)
- (Checkliste LS 03.M1 kopieren)

LS 04.M1 Lösungsvorschlag: Bewertungsbogen für Lernplakate

Bogen ausgefüllt von:	für Schüler/ Plakat Nr. ...	für Schüler/ Plakat Nr. ...	für Schüler/ Plakat Nr. ...
....	....	....	....
....	....	....	....
....	....	....	....
....	....	....	....

1	**Gliederung/Aufteilung**			
	klarer Aufbau			
	Überschriften hervorgehoben			
	Inhalte richtig eingeordnet			
2	**Inhalt**			
	Inhalt richtig			
	Informationen vollständig			
	Informationen objektiv			
3	**Gestaltung/Layout**			
	gute Platzaufteilung			
	deutlich lesbare Schrift			
	kreative Formen: Texte, Bilder, Farben, Zeichnungen			
4	**Rechtschreibung**			
	fehlerfrei/zu viele Fehler			
5	**Anmerkungen**			
		....	....	....
6	**Summe der Noten**			
	Gesamtnote (Summe durch 10)			

LS 05 Gedanken mithilfe von Mind-Maps ordnen

		Zeit	Lernaktivitäten	Material	Kompetenzen
1	EA	5′	S notieren, was ihnen spontan zur Fragestellung *„Wie kann ich meine Gedanken und Kenntnisse zu einem bestimmten Thema ordnen?“* einfällt auf einem Zettel.		- Aufbau einer Mind-Map kennen und anwenden - Ober- und Unterbegriffe ermitteln - Textzusammenhang mit Hilfe von Ober- und Unterbegriffen darstellen - Inhalte mit einer Mind-Map veranschaulichen - Sinn erfassend lesen - instruierende Texte verstehen - lineare Texte auswerten - Schlüsselbegriffe markieren - unbekannte Wörter klären - Gedanken verständlich äußern - sich sachangemessen äußern - Kettengespräch praktizieren - feststehende Satzstrukturen anwenden - Lernergebnisse diskutieren - argumentieren
2	PL	5′	Im Kettengespräch stellen S verschiedene Möglichkeiten mit dem Satzanfang *„Ich ordne meine Gedanken und Kenntnisse, indem ich …“* vor.		
3	EA	10′	S lesen entweder Text 1 oder Text 2 zum Mind-Mapping. Sie unterstreichen unbekannte Wörter und markieren Schlüsselbegriffe.	S 05.1	
4	PA	15′	S mit gleichen Texten tauschen sich über Inhalt und Markierungen aus und klären unbekannte Wörter.	S 05.2	
5	GA	30′	Je zwei Tandems mit unterschiedlichen Texten bilden eine Gruppe und tauschen sich über ihre komplementären Texte aus. Sie beschriften Karteikarten – besser Klebezettel – mit zentralen Begriffen aus beiden Texten. Sie ordnen die Zettel nach übergeordneten und untergeordneten Begriffen. Sie erstellen eine Mind-Map mit dem Thema „Unsere Mind-Map“ auf DIN-A3-Papier oder Flipchart-Bögen.	S 05.3 LS 05.M1	
6	PL	15′	Jeder S erhält zwei Klebepunkte. Die Mind-Maps werden im Museumsrundgang gesichtet. Dabei verteilen S Klebepunkte für die ihrer Meinung nach beste Mind-Map. Die Mind-Map mit den meisten Punkten wird im Plenum besprochen und kommentiert.		
	HA		Mind-Map zu einem Thema (siehe Erläuterungen) erstellen.		

Erläuterungen zur Lernspirale

Ziel der Doppelstunde ist, Schülern zu vermitteln, was Mind-Maps leisten können und wie man sie erstellt. Das methodische Vorgehen wird von der Arbeit mit komplementären Texten bestimmt. Es handelt sich um ein Verfahren, das die kommunikativen Kompetenzen in besonderem Maße fordert und fördert.

Zum Ablauf im Einzelnen
1. und 2. Arbeitsschritt:
Im Brainstorming werden erwartet: *Begriffe aufschreiben, wichtige Begriffe unterstreichen, Merkzettel anfertigen …*
Der Lehrer knüpft an diese Ergebnisse an und erläutert, dass die folgenden Arbeitsschritte darauf abzielen, eine (neue) Arbeitsmethode kennen zu lernen bzw. Kenntnisse zu dieser Methode zu vertiefen.

3. Arbeitsschritt:
Die Texte 1 und 2 werden den Schülern so zugeteilt, dass Nachbarn unterschiedliche Texte bearbeiten.

4. Arbeitsschritt:
Je zwei Schüler mit gleichen Texten tauschen sich aus, um Markierungen zu vergleichen und Unklarheiten und Fragen zu klären.

5. Arbeitsschritt:
Je zwei Tandems mit verschiedenen Texten tauschen sich aus und fügen die Inhalte ihrer komplementären Texte zusammen. Dazu notieren sie auf Klebezetteln (alternativ: halbierte Karteikarten) übergeordnete bzw. untergeordnete Begriffe. Es können zusätzliche Begriffe formuliert oder ergänzt werden.
Leistungsschwächere Gruppen arbeiten mit Kopien der Mind-Map (siehe LS 05.M1), die sie erweitern.

6. Arbeitsschritt:
Die Schüler verteilen ihre Klebepunkte nach subjektivem Empfinden. Die beiden Klebepunkte können für eine Mind-Map vergeben oder auf zwei verteilt werden.
Die Mind-Map mit den meisten Punkten sollte im Plenum nach inhaltlichen und gestalterischen Gesichtspunkten besprochen werden.

Hausaufgabe:
Den Schülern werden mehrere Themen zur Gestaltung einer Mind-Map bis zur nächsten Stunde angeboten. Mögliche Themen: *Rund um den Hund, Taschengeld verplanen, Freizeit-Wochenplan, Ein gutes Fahrrad, Figuren aus meiner Lieblingssendung.*

✓ Merkposten
- Klebezettel/ Karteikarten
- DIN-A3-Papier
- LS 05.M1
- zwei Klebepunkte pro Schüler
- LS 05.M1 bei Bedarf in Gruppenstärke kopieren

LS 05.M1 Musterlösung für eine Mind-Map

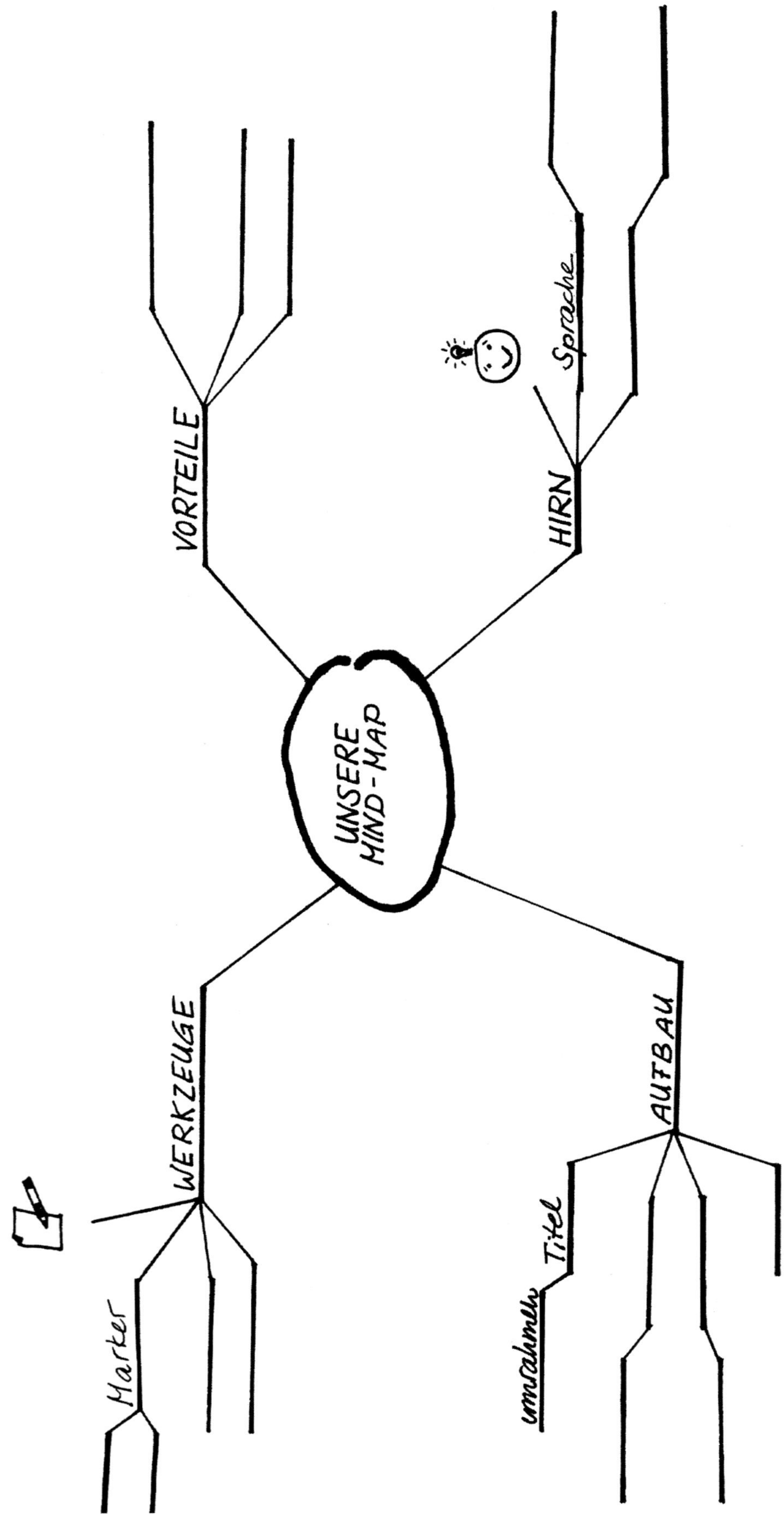

LS 06 Mit dem Computer Mind-Maps erstellen

		Zeit	Lernaktivitäten	Material	Kompetenzen
1	LV	10′	L stellt Programm *FreeMind* kurz vor: Programmstart, erste Schritte und Speicherplatz, verweist auf Arbeitsaufträge und die zur Verfügung stehende Zeit.		- produktiv und kreativ mit dem Computer umgehen (ITG) - die spezifischen Möglichkeiten des Computers nutzen (ITG) - Inhalte, Sprache und Form von Mind-Maps reflektieren und bewerten (ITG) - verschiedene Medien (Mind-Map am PC) für die Darstellung von Sachverhalten nutzen - Texte zweckmäßig und übersichtlich gestalten - Lernergebnisse präsentieren - Fachbegriffe benutzen - Inhalte zuhörend verstehen
2	PA	20′	S starten Programm, erforschen die Funktionen und Möglichkeiten des Programmes mit Arbeitsaufträgen. Zur Unterstützung kann die Mind-Map „Erste Schritte" aus dem Schülerheft benutzt werden.	S 06.1	
3	PA	15′	S übertragen die beste Mind-Map der letzten Stunde in eine digitale Form, speichern sie ab. Die weiteren Arbeitsschritte erfolgen mit einer Kopie der gespeicherten Mind-Map.	S 06.2	
4	PA	15′	S arbeiten mit kopierter Datei und variieren die Mind-Map. Dazu bearbeiten sie die Arbeitsanregungen im Schülerheft.	S 06.3	
5	PA	20′	S erstellen neue Mind-Map mit dem Titel: „Mit sechs Klicks zur Mind-Map". S nutzen weiteres Mind-Map-Programm.	S 06.4 LS 06.M1	

Erläuterungen zur Lernspirale

Ziel der Doppelstunde: Die Schüler lernen ein Programm zur Erstellung von digitalen Mind-Maps kennen. Dazu verwenden sie das kostenlose Programm *FreeMind*. Die Testversion von *eminec MYmap* (ein Produkt des Klett Verlags) oder der *MindManager* sind zeitlich begrenzt kostenlos einzusetzen. Alle Programme sind leicht zu erfassen. Nach einer kurzen Phase mit Versuch und Irrtum ist es leicht, das jeweilige Programm zu bedienen. Die Befehle funktionieren wie die üblichen Office-Produkte: Relevantes Wort oder den Arbeitsbereich unterlegen/aktivieren und dann weiter bearbeiten. Alle Erklärungen beziehen sich auf *FreeMind*.

Zum Ablauf im Einzelnen

1. Arbeitsschritt

Der Lehrer macht sich vor der Stunde mit dem Programm *FreeMind* vertraut. Die grundlegenden Funktionen sind: Start einer neuen Map, Eingabe von Titel und weiteren Ästen und Zweigen, Abspeichern der Map. Der Entdeckerdrang der Schüler wird alles Weitere erledigen.

2. Arbeitsschritt

In den Tandems arbeitet ein Experte mit einem weniger computergeübten Schüler. Fragen und Probleme, die das Programm betreffen, werden an die Klasse weitergegeben. Es gibt findige Köpfe, die erfahrungsgemäß alle Fragen im praktischen Versuch klären können.

Die Schüler brauchen Zeit, sich in das Programm einzufinden. Nach kurzer Einarbeitung gehen sie damit spielerisch und kreativ um. Nach ca. 15 min. erinnert der Lehrer an die zu bearbeitenden Aufgaben S 06.2 und S 06.3.

3. und 4. Arbeitsschritt:

Nach der spielerischen Phase soll verbindlich gearbeitet werden. Die Schüler speichern ihr Arbeitsergebnis ab. Alle weiteren Arbeitsschritte werden mit der Kopie davon durchgeführt. Der Lehrer richtet einen Ordner „Mind-Maps" für die Klasse ein oder lässt diesen einrichten. Zum Abspeichern benennen die Partnergruppen ihre Datei mit folgendem Namen:

Unsere-Mind-Map_01_Name_Name

5. Arbeitsschritt:

Für diesen Arbeitsschritt werden neue Tandems gebildet. Die Aufgabenstellung veranlasst Schüler, ihre experimentell erarbeiteten Kenntnisse zu überdenken und zu dokumentieren. Bei diesem Arbeitsschritt kommen Schülerinnen oft zu besseren Ergebnissen als die „schnellen Jungs".

Hinweis:

Die Schüler können zu Hause das Programm *FreeMind* legal aus dem Internet auf ihrem Computer installieren.

✓ Merkposten

- Computerraum reservieren
- *FreeMind, eminec Mymap oder MindManager* installieren (Hinweise unter www.klett.de/klippert und http://klett.eminec.com.)

Notizen:

LS 06.M1 Zusatzmaterial: Arbeiten mit dem MindManager Smart

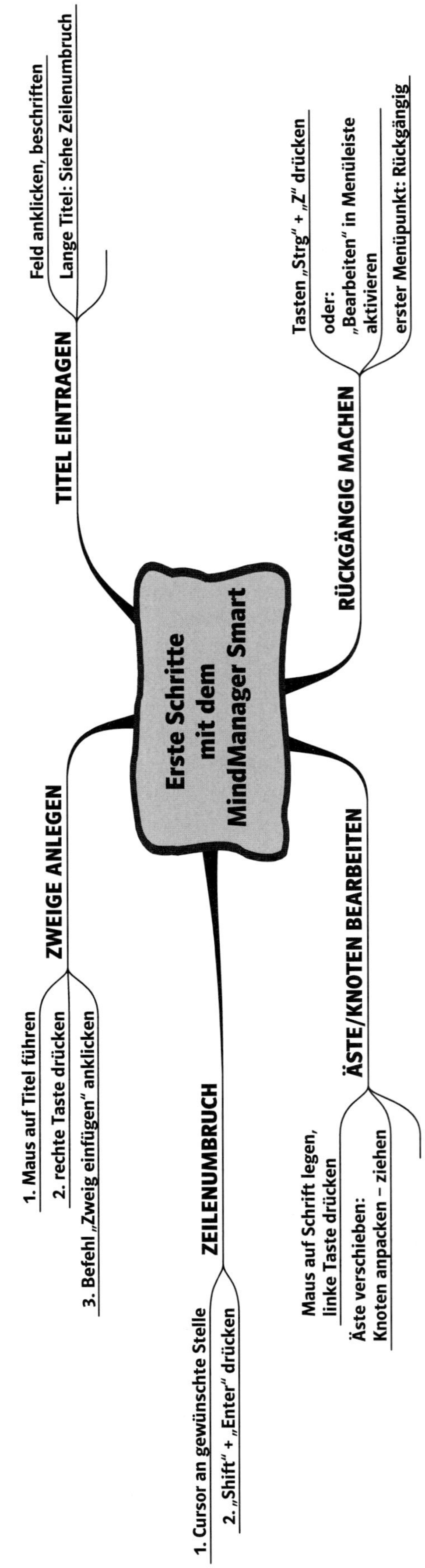

LS 07 Sich effektiv im Internet informieren

		Zeit	Lernaktivitäten	Material	Kompetenzen
1	EA	15′	S lesen und markieren den Text „Wo bin ich hier?" im Schülerheft. Sie notieren gelungene Vorgehensweisen und ihre Verbesserungsvorschläge.	S 07.1 S 07.2	- Informationssuche in unterschiedlichen Medien bewerten - Suchstrategien vergleichen - Tipps für Suchstrategien entwickeln - Textinhalt und Vorwissen verknüpfen - Lernplakate gestalten - Medien zur Präsentation nutzen - Lernergebnisse präsentieren - Feedback geben - eigene Gedanken strukturiert und verständlich äußern - informieren - einen kleinen Kurzvortrag halten - sinnerfassend lesen - markieren - in lesbarer Handschrift schreiben - den PC zum Schreiben und zur Textgestaltung nutzen (ITG)
2	PA	10′	Partner vergleichen ihre Ergebnisse und tauschen eigene Erfahrungen aus. Sie formulieren erste Tipps.	S 07.3	
3	PA	15′	S verfassen einen Brief an Jonas. Dabei berücksichtigen sie ihre Tipps.	S 07.4	
			Die Lernspirale kann hier als Einzelstunde unterbrochen werden. Hausaufgabe: Briefe überarbeiten		
4	PA	10′	Im Doppelkreis (einmaliger Wechsel) werden die Briefe vorgelesen und gewürdigt.		
5	GA	20′	S gestalten zum Thema „Richtig suchen im Internet" Plakate oder Mind-Maps. Sie bereiten einen Kurzvortrag zur Präsentation vor.	S 07.5	
6	PL	15′	Ein ausgeloster S pro Gruppe präsentiert das Gruppenergebnis. S geben Feedback zur Gestaltung des Lernprodukts.		
	HA		Mind-Map „Tipps zur gezielten Suche im Internet" mit *FreeMind* erstellen.		

Erläuterungen zur Lernspirale

Ziel der Doppelstunde ist, durch fremde und eigene Erfahrungen die Schüler zu befähigen, im Internet bewusst und zielorientiert zu recherchieren.

Zum Ablauf im Einzelnen

1. und 2. Arbeitsschritt: In dieser Phase arbeiten die Schüler eng mit und am Text. Sie sollen nachvollziehen, was Jonas genau gemacht hat. Der Lehrer gibt den Hinweis, dass exakt untersucht werden soll, in welcher Form und in welcher Reihenfolge Jonas seine Suchbegriffe eingegeben hat.

3. und 4. Arbeitsschritt: Die Formalia des Briefschreibens werden im Plenum eventuell noch einmal kurz besprochen. Nach der Arbeit im Tandem werden die entstandenen Briefe im Doppelkreis vorgelesen. Der jeweils zuhörende Partner hat die Aufgabe, aktiv zuzuhören und ein Feedback zu geben. Ein einmaliger Wechsel empfiehlt sich, damit die Schüler mehrere Standpunkte kennen lernen. Abgerundet werden kann diese Phase, indem zwei ausgeloste Schüler vor der Klasse nochmals ihren Brief vorlesen, der dann im Plenum kommentiert wird.

5. Arbeitsschritt: Bei der Lösung dieser Aufgabe fließen mehrere Anforderungen zusammen: Die inhaltliche Festlegung der konkreten Tipps und der Umgang mit gelernten Arbeitstechniken. Die Plakatgestaltung (siehe LS 02) und das Erstellen von Mind-Maps (LS 05 und 06) dienen dem Ziel, Unterrichtsergebnisse zu dokumentieren.

6. Arbeitsschritt: Pro Gruppe präsentiert ein Schüler das Lernprodukt. Nach der Präsentation schließt sich eine kurze Feedback-Runde zur Gestaltung der Plakate bzw. Mind-Maps an.

Hausaufgabe: Die Schüler erstellen eine Mind-Map mit dem Programm *FreeMind*. Titel: „Tipps zur gezielten Suche im Internet."

▶ Lösungshinweis für S 07.3:

- vor der Benutzung der Suchmaschine Suchbegriffe genau festlegen
- mehrere Begriffe, die das Gesuchte einengen, verbinden
- mehr als eine Suchmaschine benutzen
- bekannte und geprüfte Seiten nutzen
- Zeit festlegen, wie lange man sucht
- Alternativen einplanen: Wörterbuch, Schulbuch
- gefundene Informationen vergleichen
- die Informationen als Text formulieren oder in einer Mind-Map zusammenfassen – das erhöht den Lerneffekt und den Merkfaktor
- Quellen genau angeben

✓ Merkposten

- Losgegenstände
- pro Gruppe ein Plakatkarton
- dicke, farbige Stifte

LS 08 Möglichkeiten des Chattens kennen lernen und beurteilen

		Zeit	Lernaktivitäten	Material	Kompetenzen
1	EA	05′	S lesen Aussagen zum Chatten und bewerten diese.	S 08.1	- gezielt Recherchen im Internet durchführen - Internet als Informationsquelle nutzen - Bezüge zu eigenen Erfahrungen herstellen - Texte mit Hilfe von neuen Medien verfassen - Meinungen begründen - Fragen formulieren - sinnerfassend lesen - Informationen entnehmen - strukturiert schreiben - verständlich informieren - Lernergebnisse präsentieren und dabei Fachbegriffe benutzen - Absprachen zur PC-Nutzung treffen - sich einigen - sich gegenseitig helfen - zielgerichtet arbeiten
2	PA	10′	S vergleichen ihre Bewertungen mit denen des Partners. Sie erläutern ihr eigenes Urteil und diskutieren unterschiedliche Einschätzungen.	S 08.2	
3	PA	10′	S verfasssen schriftliche Begründung für eine zugeloste Aussage aus der Einschätzungstabelle.	S 08.3	
4	PA	10′	Pro Aussage wird eine Begründung der Klasse vorgestellt (evtl. durch Losentscheid). Die übrigen S ergänzen bzw. kommentieren.		
			Die Lernspirale kann hier als Einzelstunde unterbrochen werden. HA: Bewertungen zu allen Aussagen formulieren.		
5	EA	10′	S lesen den Text „Sicherheitstipps" und notieren Fragen.	S 08.4	
6	PL	5′	Fragen der S werden im Plenum geklärt.		
7	PA	20′	Tandems besuchen mindestens zwei ausgewählte Seiten. Sie erstellen zu jeder Seite ein Urteil. Für eine Internetseite gestalten sie am PC einen Steckbrief ähnlich der Vorgabe im Schülerheft.	S 08.5 S 08.6	
8	PL	10′	Ausgeloste Tandems stellen Steckbriefe vor.		
9	HA		S stellen ihren Eltern die besuchten Internetseiten vor. S verfassen einen Leserbrief an die Redaktion der bewerteten Internetseite oder bearbeiten Zusatzmaterial zu Emoticons.	LS 08.M1	

✓ Merkposten

- Computerraum reservieren
- Ziffernkarten von 1–7 in ausreichender Anzahl (pro Tandem eine Ziffernkarte)

Erläuterungen zur Lernspirale

Ziel der Doppelstunde ist, dass die Schüler Regeln und Möglichkeiten des Chattens kennen lernen. Da das Thema mit vielen Vorbehalten und realen Gefahren besetzt ist, aber auch positive Möglichkeiten bietet, soll ein unverkrampfter Umgang entwickelt werden. Schüler und Eltern erfahren, welche Chats und Internetseiten geeignet sind.

Zum Ablauf im Einzelnen

1. Arbeitsschritt:
Positive und negative Aussagen zum Chatten werden nach persönlicher Einschätzung bewertet. Hier ist das spontane Urteil gefragt.

2. bis 4. Arbeitsschritt:
Die Schülereinschätzungen werden dargestellt und hinterfragt. Hier geht es nicht um eine moralische Belehrung. In der Regel rücken die Schüler die merkwürdigen Positionen zurecht. Die Zulosung einer Aussage im 3. Arbeitsschritt erfolgt über die Ziffernkarten 1–7: Je ein Tandem zieht eine Ziffernkarte und bearbeitet die ziffergleiche Aussage aus der Tabelle im Schülerheft.

5. und 6. Arbeitsschritt:
Die Schüler finden klare Verhaltensregeln. Sie können neben die bisherigen Aussagen gestellt werden.

7. und 8. Arbeitsschritt:
Schüler besuchen Internetseiten, die dem Jugendmedienschutz entsprechen. Sie bearbeiten die Aufgaben und erstellen zu einer Seite einen Steckbrief. Die Internetseiten werden von folgenden Institutionen empfohlen: Bundesministerium für Forschung und Bildung; Schulen ans Netz; Hessisches Kultusministerium.

Viele Chatrooms für Kinder sind nur am Nachmittag geöffnet. Man benötigt zur Anmeldung eine eigene Internetadresse. Die entsprechenden Seiten sollen jedoch ohne Chat-Aktivitäten erkundet werden.
Die angegebenen Seiten sind interaktiv und speziell für Kinder erstellt worden. Sie unterstützen den Forscherdrang. Es wäre schön, wenn die Schüler Interesse für diese Seiten entwickeln.

Sollten einige Schüler diese Seiten als „Kinderkram" abwerten, wird das im Plenum zum Thema gemacht. Es geht darum, dass auch Schüler verantwortungsbewusst handeln müssen.

Hausaufgabe: Die Schüler stellen die gewonnenen Informationen/Internetseiten ihren Eltern vor. Sie verfassen einen Leserbrief an die Redaktion einer der bewerteten Internetseiten oder bearbeiten das Material zu den Emoticons (LS 08.M1).

LS 08.M1 Emoticons

Jedes Gespräch hat einen Inhalt, informiert zugleich aber über die Einstellung zum Thema, zum Gesprächspartner und über die Gefühle des Sprechers. Beim Chatten im Internet haben die Gesprächspartner keine Stimme, keine Mimik und keine Gesten zur Verfügung. Im Allgemeinen kennen sich die Personen, die zusammen chatten, auch nicht. Um die Situation zu vereinfachen und Missverständnisse über Stimmungen und Absichten zu vermeiden, gibt es die sogenannten **Emoticons**. Das sind Zeichen, die über die Tastatur eingetippt werden. So kann man über den Bildschirm Gefühle ausdrücken.

Emoticons

Was bedeuten die Zeichen? Kannst du die passenden Smileys dazu malen?

Nr.	Emoticons	Die passenden Smileys:	Das wird damit ausgedrückt.
1	:-)		
2	:-D		
3	;-)		
4	:-))		
5	:-(		
6	:,(		
7	:-P		
8	*-:)		
9	O:)		
10	>:)		

Lösung zu Emoticons

Nr.	Emoticons	Das wird damit ausgedrückt.
1	:-)	lächeln
2	:-D	lachen, auslachen
3	;-)	augenzwinkernde Bemerkung, die nicht ganz ernst gemeint ist
4	:-))	sehr glücklich
5	:-(	unglücklich
6	:,(	weinen
7	:-P	Zunge rausstrecken
8	*-:)	mir geht ein Licht auf, habe etwas kapiert
9	O:)	Engelchen
10	>:)	Teufelchen

LS 09 Suchaufträge mit Hilfe des Internets bearbeiten

		Zeit	Lernaktivitäten	Material	Kompetenzen
1	PA	20′	S bearbeiten fünf Suchaufträge in Partnerarbeit. Sie notieren den Weg und das Ergebnis des Suchauftrags. L prüft, ob die Internetseiten noch aktiv sind. Alternative Suchaufträge befinden sich auf der Internetplattform www.klett.de/klippert.	S 09.1 (www.klett.de/klippert)	- gezielt Recherchen im Internet durchführen - Internet als Informationsquelle nutzen - Meinungen begründen - Fragen formulieren - sinnerfassend lesen - Informationen entnehmen - strukturiert schreiben - verständlich informieren - Lernergebnisse präsentieren und dabei Fachbegriffe benutzen - Absprachen zur PC-Nutzung treffen - sich einigen - sich gegenseitig helfen - zielgerichtet arbeiten
2	PL	10′	S stellen Ergebnisse vor, Mitschüler vergleichen und korrigieren. L kann Lösungshinweise LS 09.M1 projizieren.	LS 09.M1	
3	PA	10′	S formulieren selbst drei Suchaufträge zu den angegebenen Seiten. Tandems tauschen Suchaufträge aus.	S 09.2	
			Die Lernspirale kann hier als Einzelstunde unterbrochen werden. HA: Suchaufträge bearbeiten.		
4	PA	15′	Tandems erledigen zugeteilte Suchaufträge.		
5	GA	15′	Die Tandems, die gegenseitig ihre Suchaufträge bearbeitet haben, stellen sich ihre Ergebnisse vor und diskutieren/korrigieren den Lösungsweg. Sie formulieren Tipps, wie man bei der Internetrecherche am besten vorgeht.	S 09.3	
6	PL	10′	S reflektieren ihr Vorgehen beim Recherchieren, stellen ihre Erfahrungen vor und ergänzen weitere Tipps zur Internetrecherche.		

✓ Merkposten

- Computerraum reservieren
- Internetadressen überprüfen
- alternative Suchaufträge siehe www.klett.de/klippert
- LS 09.M1 auf Folie kopieren
- Overhead-Projektor

Erläuterungen zur Lernspirale

Ziel der Doppelstunde ist, dass die Schüler qualitativ abgesicherte Quellen kennen lernen und gezielt und routiniert im Internet Suchaufträge bearbeiten.

Hinweis: Die Inhalte von Internetseiten werden ständig aktualisiert und wechseln häufig. Die Inhalte der ausgewählten Internetadressen sind überprüft worden. Dennoch sind inhaltliche Veränderungen zu erwarten. Der Lehrer sollte also vor der jeweiligen Stunde die entsprechenden Internetseiten besuchen. Alternative Suchaufträge befinden sich auf der Plattform www.klett.de/klippert.

Zum Ablauf im Einzelnen

1. und 2. Arbeitsschritt:
Der Lehrer bildet Partnergruppen und stellt exemplarisch einen Suchauftrag vor (siehe LS 09.M1). Er weist darauf hin, dass die Lösung nicht immer auf der ersten Seite der angegebenen Adresse zu finden ist. Detektivisches Gespür ist gefordert.

3. Arbeitsschritt:
Die Schüler wechseln die Perspektive: Sie suchen Inhalte auf den angegebenen Seiten und formulieren dazu Suchaufträge. Dieser Arbeitsschritt befähigt sie dazu, Suchstrategien von einer anderen Seite her zu entwickeln und so den Aufbau von Internetseiten besser zu erfassen. Der Lehrer vermittelt ihnen in diesem Zusammenhang, dass die Suchaufträge lösbar und die zu findenden Inhalte interessant und sinnvoll sein sollten. Die „Auftraggeber“ notieren für sich die genaue Fundstelle (Internetadresse mit Unterseite), wie der Suchauftrag erfolgreich ausgeführt werden kann sowie die Lösung.

4. Arbeitsschritt:
Tandems erhalten die Suchaufträge anderer Tandems und bearbeiten diese gemeinsam.

5. Arbeitsschritt:
Die Schüler stellen den „Auftraggebern“ ihre Suchergebnisse und den Weg zur Lösung vor. Die „Auftraggeber“ geben Rückmeldung. Die Schüler beschreiben, welche Schwierigkeiten aufgetreten sind und welche Strategien erfolgreich waren. Sie überprüfen, ob die Tipps, die in der LS 07 formuliert worden sind, ausreichen oder durch weitere ergänzt werden müssen.

6. Arbeitsschritt:
Ein systematisches Vorgehen kann hier noch nicht erwartet werden. Viele Wege sind bei einer Internetrecherche möglich. Es gibt unterschiedliche Suchtypen. Viele Schüler lassen sich intuitiv leiten und sind damit sehr erfolgreich. Andere gehen geordnet vor und entwickeln erst einen Plan.
Wichtig ist, dass alle Internetnutzer wissen, von welcher Seite sie gestartet sind und auf welcher Seite sie etwas gefunden haben. Diese Fundstelle (Quelle) muss vollständig angegeben werden!

LS 09.M1 Lösungswege für die Suchaufträge aus S 09.M1

1. **In welchem Zoo gibt es ein Streichelgehege? [leicht]**
   http://www.blinde-kuh.de/tiere/zoos/
   Vorgehen: Startseite: Button mit Pinguin aktivieren
   Fundseite: http://www.euregiozoo.de/
   Antwort: im Aachener Zoo
2. **Wo drückt denn der Schuh? Was bedeutet diese Aussage? [leicht]**
   http://www.geo.de/GEOlino/
   Vorgehen: Frage in die GEOlino-Suchmaschine eingeben: Wo drückt denn der Schuh?
   Fundseite: http://www.geo.de/GEOlino/mensch/redewendungen/54498.html
   Antwort: Drückende Schuhe gleichsetzen mit Sorgen und Kummer.
3. **Wie funktioniert mokitown? [mittel]**
   http://www.mokitown.de
   Vorgehen: Linke Leiste: „Was man so braucht" 1. Button aktivieren, führt zur Unterseite: Fundseite: http://www.mokitown.de/mokitown_prehome/popup_about_de.html
   Antwort: Mokitown ist die lustige Spielestadt der Mobile Kids im Internet.
4. **Was sind Computerviren? [leicht]**
   www.internet-abc.de
   Vorgehen: Frage in die Internet-ABC–Suchmaschine eingeben:
   Fundseite: http://www.internet-abc.de/kinder/118181.php?SID=uMkl6EXYVZGT7bGn0fUJ05lhHeZotfsY
   Antwort: Computerviren verbreiten sich gerne. Sie verändern oder löschen Dateien und beschädigen Programme.
5. **Was sind Netiquette oder Netikette? [leicht]**
   www.internet-abc.de
   Vorgehen: Frage in die Internet-ABC–Suchmaschine eingeben:
   Fundseite: http://www.internet-abc.de/kinder/117935.php?SID=uMkl6EXYVZGT7bGn0fU 05lhHeZotfsY
   Antwort: Mit der Netikette bezeichnet man Benimmregeln im Internet.
6. **Wie funktioniert das Sternenspiel? [schwer]**
   http://www.kindernetz.de/
   Vorgehen: Sitemap anklicken: Thema > Planeten und Sterne > Eine Reise durchs Universum
   Fundseite: http://www.kindernetz.de/infonetz/thema/planeten/sternenspiel/-/id=27594/nid=27594/did=30126/yont7q/index.html
   Antwort: siehe Fundseite
7. **Die Internetseiten des Harry-Potter-Fan-Clubs kann man in 14 Sprachen erleben. Nenne 10 davon. [mittel]**
   http://www.hp-fc.de/
   Vorgehen/Fundseite/Antwort: Sprachleiste auf der Startseite
8. **Was ist das Top-Thema bei ZDF Wissen? [schwer]**
   http://www.tivi.de/infosundtipps/index.html
   Vorgehen: „Wissen" aktivieren, Unterpunkt „Topthema" anklicken
   Fundseite/Antwort: Themen wechseln häufig
9. **Wie heißen die Internauten? [mittel]**
   Vorgehen: Unterpunkt am unteren Rand der Starseite aktivieren: Die Internauten – Wie alles begann
   http://www.internauten.de
   Antwort: Rio, Nina, Ben
   Fundseite: http://www.internauten.de/10.0.html
10. **Wie viele Knochen hat der Mensch? [sehr schwer]**
    http://www.medizity.de/
    Vorgehen: (Tipp für Detektive: Fitness-Studio) > Links Wegweiser Fintness-Studio anklicken > Test: MediZity anklicken > Midi-Quiz starten: Unser Körper
    Antwort: 206 Knochen

LS 10 Den eigenen Lernstand reflektieren

		Zeit	Lernaktivitäten	Material	Kompetenzen
1	EA	10′	S füllen Bogen zum Lernstand aus.	S 10.1	– über Lernerfahrungen sprechen – Selbsteinschätzung nutzen – andere in ihren Lernprozessen unterstützen – Lernziele formulieren – Lerntipps weitergeben – Zeit- und Arbeitsplan erstellen – Arbeitsschritte festlegen – Entscheidungen begründen – sich sachangemessen äußern – aktiv zuhören – Gesprächsregeln einhalten – zielgerichtet und kooperativ arbeiten
2	PA	15′	Partner tauschen sich über ihre Fragebögen aus. Sie formulieren Lerntipps und konkrete Arbeitsschritte.	S 10.2	
3	EA	10′	S notieren in einem Arbeitsplan, was sie wann und mit wem bearbeiten möchten.	S 10.3	
			Die Lernspirale kann hier als Einzelstunde unterbrochen werden. HA: Arbeitsplan entwickeln.		
4	PL	10′	Ein Arbeitsplan wird vorgestellt (Kopie) und exemplarisch besprochen.		
5	PA	25′	Partner besprechen ihre Arbeitspläne und vereinbaren auf Wunsch Termine für Einzelberatung mit dem L.	S 10.4	
6	PL	10′	S und L fertigen einen Rückblick zur Lernarbeit in der Klasse an, z.B. in Form einer Wandzeitung.		

✓ Merkposten

- Overhead-Projektor
- Folien für Kopien der Arbeitspläne

Erläuterungen zur Lernspirale

Ziel der Doppelstunde ist die Überprüfung des erworbenen Wissens und das Gestalten eigener Lernwege. Am Ende sollte jeder Schüler einen individuellen Arbeitsplan formulieren.

Zum Ablauf im Einzelnen

1. Arbeitsschritt:
Die Schüler füllen den Fragebogen zur Selbstkontrolle im Schülerheft aus. Sie müssen ihn nicht dem Lehrer zeigen, wenn sie das nicht wollen. Der Lehrer steht aber auf Wunsch zur Beratung zur Verfügung: Es geht um Informationen und Hinweise, die das eigene Lernen fördern sollen.

2. Arbeitsschritt:
Im Austausch mit einem Partner erläutern die Schüler ihre Selbstbeobachtung und -einschätzung anhand des Bogens und formulieren erste Überlegungen für ihre Arbeitspläne.

3. Arbeitsschritt:
Viele Schüler brauchen Zeit, um Lernprozesse als einen individuellen Weg zu sehen. Kleine Schritte mit praktischen und konkreten Angaben sind viel wert.

4. Arbeitsschritt:
Es finden sich immer Schüler, die bereit sind, ihren Arbeitsplan „öffentlich" vorzustellen. Wenn die Möglichkeit besteht, wählt der Lehrer zwei Arbeitspläne aus und kopiert sie auf Folie. Er wählt einen von einem Schüler mit mittlerem und einen von einem Schüler mit schwachem Leistungsvermögen aus. Alternativ werden die Arbeitspläne im Klassenraum aufgehängt und können so einige Wochen wirken. Wenn Schüler eine Reflexion ihres Lernstandes und Lernwegs einmal durchgeführt haben, sind Fragen zum Lernweg auch während der täglichen Unterrichtsarbeit leicht und produktiv zu klären.

5. Arbeitsschritt:
Da die individuelle Förderung einen immer größeren Raum einnimmt, lohnt es sich, einen Termin für eine individuelle Beratung auszumachen.

6. Arbeitsschritt:
Zur Abrundung der Unterrichtsreihe wird ein Rückblick durchgeführt. Das kann als Blitzlicht oder in Form einer Wandzeitung geschehen. An die Tafel wird eine Tabelle mit drei Spalten gezeichnet. Die Spaltenüberschriften lauten: *„Gut gefallen hat mir ...", „Gestört hat mich ...", „Ich wünsche mir ..."*. Jeder Schüler bekommt drei verschieden farbige Karten und notiert zu jeder Überschrift einen Satz. Die Feedback-Karten werden im Plenum vorgelesen und in die entsprechende Spalte geheftet. Darauf aufbauend können Vorsätze für die weitere Arbeit formuliert werden.

Hinweis:
Es hat sich bewährt, nach einzelnen Stunden die Schüler den Fragebogen LS 10.M1 ausfüllen zu lassen, um so den Lernprozess anzusprechen. Bei der gemeinsamen Auswertung der Bögen sollte der Lehrer neben dem kognitiven Lernzuwachs alle unterschiedlichen Ebenen des individuellen Lernwegs thematisieren.

LS 10.M1 Zusatzmaterial: Stundenrückblick

Name: ....

In der Stunde haben wir behandelt:

....

....

1	Ich habe am Anfang erfahren und verstanden, was wir in der heutigen Stunde bearbeiten werden.				
2	Ich hatte Zeit, meine Unterlagen auszupacken und mich auf den Unterricht vorzubereiten.				
3	Wir haben darüber gesprochen, wie wir heute unser Ziel erreichen wollen.				
4	Ich kann sagen, welche Inhalte genau bearbeitet wurden.				
5	Ich hatte genügend Gelegenheit, mich am Unterrichtsgespräch zu beteiligen.				
6	Es gab heute Phasen, in denen ich allein nach meinem Tempo arbeiten konnte.				
7	Es gab heute Phasen, in denen ich mit anderen gut gearbeitet habe.				
8	Ich hatte heute Zeit, mir wichtige Ergebnisse aufzuschreiben.				
9	Wir haben heute im Unterricht gelacht.				
10	Ich kann mit meinen eigenen Worten ausdrücken, was wir heute erarbeiten wollten, und wie weit wir gekommen sind.				

Blitzlicht (auch Blitz- oder Blitzlichtrunde): Die Schüler äußern sich in Kurzform zu einem bestimmten Thema/Reizwort/Problem. Sie äußern Assoziationen oder bringen Erfahrungen, Meinungen bzw. Vorwissen ein. Die Äußerungen sind knapp, spontan und werden nicht weiter kommentiert.

Brainstorming: Das Brainstorming ist mit dem Blitzlicht verwandt und meint die unzensierte und unkommentierte Sammlung von Ideen und/oder Problemlösungsvorschlägen. Der Gedanken- oder Ideensturm soll Schüler aktivieren und helfen, Kreativität freizusetzen.

Doppelkreis (auch Kugellager): Die Schüler sitzen oder stehen sich in einem Innen- und Außenkreis paarweise gegenüber und halten sich wechselseitig Vorträge, führen Interviews etc. Die Hälfte der Klasse ist also mündlich aktiv.

Expertengruppe: Dieser Begriff ist doppeldeutig: Von einer Expertengruppe kann zum einen dann die Rede sein, wenn alle Gruppenmitglieder parallel am gleichen Thema arbeiten und diesbezüglich zu Experten werden (siehe auch Stammgruppe), eine Expertengruppe liegt aber auch dann vor, wenn die einzelnen Gruppenmitglieder Spezialisten für unterschiedliche Gebiete sind (siehe auch Mischgruppe).

Feedback: Die Schüler geben Mitschülern oder auch Lehrern Rückmeldungen zu bestimmten Arbeitsphasen bzw. Arbeitsweisen. Das Feedback folgt bestimmten Regeln und sollte auf jeden Fall fair und ermutigend sein.

Kettengespräch: Schüler-Schüler-Gespräch nach bestimmten Regeln. Zum Beispiel: Ein erster Redner äußert sich und gibt das Wort an einen anderen Schüler weiter, der sich meldet. Der neue Sprecher muss zunächst den Vorredner anschauen, dessen Beitrag wiederholen und darf erst dann seinen eigenen Beitrag vortragen etc.

Kugellager: Die Schüler sitzen oder stehen sich im Doppelkreis (einem Innen- und Außenkreis) paarweise gegenüber und berichten/befragen sich wechselseitig. Ist die Gesprächssequenz um, rücken die Schüler im Innen- oder Außenkreis z.B. drei Personen im Uhrzeigersinn weiter und schon entstehen neue Gesprächspaare, die sich erneut gegenseitig berichten/befragen.

Mischgruppen: Die Mitglieder unterschiedlicher Stammgruppen werden quer gemischt, sodass sich in jeder Mischgruppe mindestens ein Vertreter aller Stammgruppen findet (siehe auch Gruppenpuzzle sowie Querschnittsgruppe).

Museumsrundgang: Die Schüler sichten alleine oder in Gruppen die im Klassenraum aushängenden bzw. ausliegenden Lernprodukte, holen Informationen ein und besprechen etwaige Unklarheiten.

Spickzettel: DIN-A7-Kärtchen, auf dem sich ein Schüler das Wichtigste zu einem bestimmten Thema stichwortartig notiert. Die Zahl der Wörter kann z.B. auf 10 begrenzt werden; Skizzen, Symbole und andere grafische Elemente können hinzukommen. Der Spickzettel sollte gut strukturiert sein und dient z.B. als Lernhilfe oder als Gedächtnisstütze bei Präsentationen.

Stammgruppe: Schülergruppe, die arbeitsgleich an einem bestimmten Arbeitsauftrag arbeitet (siehe auch Gruppenpuzzle).

Tandempräsentation: Die Präsentation der Arbeitsergebnisse vor der Klasse erfolgt zu zweit. Die Präsentation kann gleichberechtigt erfolgen; sie kann aber auch so aussehen, dass ein Schüler als Hauptpräsentator und ein zweiter als Assistent ausgelost wird.

Zufallsgruppe/Zufallstandem: Gruppen- bzw. Tandembildung mittels Abzählen, Spielkarten, Puzzlebildung, Namenskärtchen oder anderen Formen des Losverfahrens.

Weitere Begrifflichkeiten werden im Internet unter www.klett.de/klippert erklärt.